THEMEN DER PÄDAGOGIK

Herausgegeben von Walter Braun

Walter Braun

Das In-der-Welt-Sein als Problem der Pädagogik

Verlag Moritz Diesterweg

Frankfurt am Main · Berlin · München

Herrn Akademischen Oberrat Dr. Bruno H. Reifenrath danke ich für die konstruktive Kritik bei der Abfassung des Textes und für die Hilfe beim Korrekturlesen.

W.B.

CIP-Kurztitelaufnahme der Deutschen Bibliothek

Braun, Walter:
Das In-der-Welt-Sein als Problem der Pädagogik / Walter Braun. – 1. Aufl. – Frankfurt am Main; Berlin; München: Diesterweg, 1983.
(Themen der Pädagogik)
ISBN 3-425-01911-2

ISBN 3-425-01911-2

1. Auflage 1983

Umschlagentwurf: Jürgen Richter, Darmstadt
Satz und Druck: Wiesbadener Graphische Betriebe GmbH, Wiesbaden
Bindearbeiten: Großbuchbinderei Adolf Hiort, Wiesbaden

Inhalt

0

Einleitung

Es ist Zeit, daß wir uns wieder besinnen, ob die Art und Weise, wie wir seit den Tagen der Geisteswissenschaftlichen Pädagogik bis hin zur sozialwissenschaftlich orientierten Erziehungswissenschaft in unserer Zeit über Erziehungsziele diskutieren – eine Diskussion, die bis heute noch nicht viel erbracht hat und die sich im Kreise dreht –, nicht durch neue Überlegungen abgelöst oder ergänzt werden muß. Denn unter dem Einfluß der Sozialwissenschaften hat die Pädagogik den Menschen vergessen; Erziehungsziele, die da genannt werden, sind Generalia, die für den einzelnen oft Leerformeln darstellen, weil sie ihm von außen aufgepfropft worden sind oder nicht im Sinnkreis seines Lebens liegen. Aber eine Frage beschäftigt dabei die Pädagogik überhaupt nicht mehr: nämlich der einzelne und sein Leben in der Welt als personale Sinnsuche. An die Stelle der Welt ist offensichtlich die Gesellschaft getreten. Damit aber wird der junge Mensch auf ein Feld abgelenkt, das nicht das eigentliche Feld seiner Bewährung ist. Aber eine richtige Erziehung zur Welt und zum In-der-Welt-Sein besagt, daß er auch für die Gesellschaft und überhaupt für alles tüchtig wird.

Damit ist also festgestellt, daß wir Welt nicht als etwas Gegenständliches verstehen, sondern als etwas, daß alles umfaßt, was uns von der Wiege bis zur Bahre entgegentritt und beschäftigt, überhaupt alles, was in einem personalen Sinnzusammenhang steht. Wie Erziehung unter diesen Voraussetzungen möglich ist, soll hier untersucht werden. Die Erziehungsziele können somit nicht als Verhaltensziele beschrieben werden, wie das die sozialwissenschaftlich ausgerichtete Erziehungswissenschaft tut, sondern sie müssen darauf bezogen sein, daß ein Ich sich in der Welt zurechtfindet und sich verwirklicht, d.h. *seinen* Sinn findet. Dabei ist es vor allem notwendig, daß wir auch in anderer Weise als bisher das Verhältnis von Erziehungszielen und Lernzielen bestimmen, wobei wir davon ausgehen, daß diese qualitativ verschieden sind und trotzdem ein innerer Zusammenhang zwischen beiden besteht. Über allem steht der Mensch, der sein In-der-Welt-Sein zu bewältigen hat, aber nicht ein gesellschaftliches oder wissenschaftliches System. Erziehung muß die Voraussetzungen dafür schaffen, daß der Mensch gemäß seiner anthropologischen Zurüstung wieder das Transzendieren lernt. Das kann aber nur dann geschehen, wenn der Mensch auf die Welt bezogen wird. Insofern ist diese Untersuchung auch ein Versuch, die anthropologische Situation des Menschen zu erhellen.

1

Die Weltvergessenheit der gegenwärtigen Pädagogik

Unsere Erziehung ist „weltlos“ geworden. Damit ist gemeint, daß die Welt pädagogisch gesehen überhaupt nicht mehr in den Blick kommt. Doch was ist Welt, was können wir darunter verstehen? Der Volksmund hat eine bezeichnende Redewendung für die Geburt eines Menschen, indem er sagt: Er ist zur Welt gekommen – oder, wie jemand auch von sich selber sagen kann: Ich bin an diesem Tag, in jenem Jahr zur Welt gekommen. Wir glauben, daß diese Redewendung zweierlei enthält – und man verzeihe uns, daß in dieser Aussage für viele vielleicht eine Selbstverständlichkeit stecken mag –: Es ist einmal doch die Tatsache, daß die Welt schon vor mir war, aber daß auch viele andere „Ichs“, die vor mir geboren worden sind, und auch diejenigen, die nach mir geboren werden, bei ihrem Zur-Welt-Kommen eben bereits diese Gegebenheit „Welt“ vorfanden bzw. vorfinden werden. Und diese Vorgegebenheit ist unumstößlich, nicht veränderbar und nicht umkehrbar.

Aber es besagt noch mehr, wenn wir den ganzen Inhalt dieses Satzes ernst nehmen wollen. Das erste, womit also das Leben beginnt und worin es sich entfaltet, ist die Tatsache, daß ein „Ich“ zur Welt kommt, und das heißt doch nicht mehr und nicht weniger, als daß dieses „Ich“ nur gesetzt wird, indem es bei der Welt ist. Das „Ich“ wäre nicht das, was es ist, wenn es die Welt nicht gäbe. Alles, was von diesem „Ich“ ausgesagt werden kann, ist immer nur im Hinblick und im Bezug auf das zu sehen und zu sagen, was die Welt ist. Insofern kann man mit Recht sagen, daß das „Ich“ ohne die Welt nicht wäre, nicht existieren könnte, ja absolut keine Bestimmung hätte; noch nicht einmal die Bestimmung als die eines „Ich“ wäre möglich.

Seiss hat darauf hingewiesen, daß das Wort „human“ eine Sprachverwandtschaft in seinem Wortkern mit dem Wort humus (= Erde) hat. Daher leitet er ab, daß humanes Leben bedeutet, „in den Grenzen des Irden-seins zu leben“. Und er bezeichnet „das Kennzeichen des Humanen“ als „das Kennzeichen des von-Erde-genommen-Seins“ als „das Ja zur Vergänglichkeit, das Ja zur eigenen Grenze und damit auch zur Grenze des anderen [...]“.[1]

1 R. Seiß, Humane Pädagogik – das Zentrum erzieherischen Handelns. S. 43f.

Wir können sogar bezüglich des Wortkerns des Begriffes „human" noch ein Stück weitergehen und deutlich machen, daß im Begriff „human" auch das Wort „mundus" (= Welt, aber auch Menschheit!) enthalten ist. Was human ist, ist somit irdisch, aber auch weltlich. Humanes Verhalten heißt also im Grunde genommen ein „weltliches" Verhalten. Wenn wir das hören, denken wir immer gern – weil das seit der Säkularisation so ist – als Gegensatz zum „weltlichen" Verhalten das kirchliche oder religiöse Verhalten. Dieser Gegensatz ist leider allzusehr in unser Denkschema eingeschliffen, so daß wir gar nicht mehr leicht die Grundbedeutung sehen: nämlich sich als einer zu verhalten, der in der Welt ist. Der Humane verhält sich so – und hier können wir das Wortspiel noch ein Stück weitertreiben: Es gehört zum Wesen des homo (= des Menschen; auch darin steckt ja das Wort „humus"), daß er wie einer lebt, der in der Welt ist. Human ist also der, der sich wie ein Mensch „verhält" und d. h. wie einer lebt, der in der Welt ist. Wir sehen hier sehr deutlich, wie die Welt Ziel und Grenze allen Lebens und „Verhaltens" ist, daß die Welt nicht übersprungen werden kann, daß aber auch die Welt vor dem Menschen ist, ja daß der Mensch von dem In-der-Welt-Sein sogar seinen Namen bezogen hat, nämlich „homo".

Freilich findet das Ich nicht bei seiner Geburt sofort auch die Welt schlechthin vor, sondern das erste in seinem Erleben ist ein Teil von dieser Welt, das Du. Aber es ist wichtig, daß wir festhalten, daß auch das Du ein Teil dieser Welt ist. Das Du gehört zur Welt, wie auch das Ich dazugehört. Auch hier könnten wir wieder sagen, daß nur im Hinblick auf das Du ein Ich sein kann, wie es BUBER herausgearbeitet hat. Insgesamt stiftet das Ich – Du „Die Welt der Beziehung", die sich in drei „Sphären" entfaltet: einmal ist es „das Leben mit der Natur", zum zweiten ist es „das Leben mit den Menschen" und drittens „das Leben mit den geistigen Wesenheiten".[2]

Daraus ergeben sich wiederum Konsequenzen, die für unsere weiteren Betrachtungen und Überlegungen von wesentlicher Bedeutung sind: Der Mensch geht in der Welt nicht auf, obwohl er ein Teil von ihr wird, vielmehr bleibt sie ihm gegenübergestellt. Denn wenn das nicht der Fall wäre, könnte es keine Beziehung zwischen beiden geben. Etwas, was in der Welt aufgeht, kann keine Beziehung entwickeln, denn es ist dann ja nicht mehr unabhängig von der Welt. Aber die Auffaltung der Welt in drei Sphären „definiert" sozusagen gleichzeitig, was Welt ist. Sie besteht aus dem Leben mit der Natur, dem Leben mit den Menschen und dem Leben mit den geistigen Wesenheiten. Diese Reihenfolge ist nicht zufällig, sondern zeigt eine Ordnung auf, die nicht willkürlich geändert werden

---

2 M. Buber, Ich und Du. S. 12.

kann. Wir erinnern uns an eine ähnliche, wenn auch nicht ganz gleichlautende Reihenfolge bei ROUSSEAU, der von drei Erziehern spricht, die der Mensch habe. Auch er beginnt mit der Natur und nennt dann die Dinge und die Menschen.

Es fällt dem modernen Menschen nicht leicht, diese Rangfolge zu verstehen, denn das Zur-Welt-Kommen und das In-der-Welt-Sein werden heute ja in der Regel anders interpretiert. Als die vorgängige Beziehung wird gerade die libidinöse Beziehung zu einer Bezugsperson, wie z. B. der Mutter, gesehen. Das ist typisch für eine psychologische Beziehung bzw. psychoanalytische Betrachtungsweise, aber nicht für eine anthropologische. Und es gibt uns wiederum einen bedeutsamen Hinweis: Wenn die Beziehung zur Welt allgemein sich auftut durch die Beziehung zur Natur, dann ist die Frage zu stellen, was denn wohl „Natur" heißen mag. Der Begriff ist sicher nicht im physischen Sinn zu verstehen, sondern wie schon bei ROUSSEAU[3] wird man „Natur" eher als eine Ordnung verstehen müssen, die auch ihre geschichtlichen Dimensionen hat. Ordnung ist insofern Gabe und Aufgabe zugleich. Gerade dieser Aspekt drückt sich – und das wird häufig übersehen – in den Begriffen „physiologische Frühgeburt" (PORTMANN), „Mängelwesen" (GEHLEN) und „Exzentrische Position" (PLESSNER) aus. Alle diese Begriffe sind bezogen auf eine Ordnung, die mehr vom Tier her oder auch mehr vom Menschen her oder sogar von beiden her gedeutet werden kann, um die Differenz aufleuchten zu lassen.

Hier wird also mit großer Klarheit deutlich, daß der Mensch von Anfang an ein sich selbst transzendierendes Wesen ist. Diese Transzendenz kann natürlich negiert werden. Das geschieht in unserer modernen Pädagogik laufend insofern, als der Mensch eben ohne diesen Weltbezug gesehen und statt dessen auf sein Ich oder auch eine wie immer geartete Gesellschaftlichkeit zurückgeworfen wird. Das ist eben nicht die anthropologische Ordnung der Dinge, sondern die psycho-logische oder sozio-logische; die eine stellt das Ich, die andere die Gesellschaft in den Mittelpunkt.

Typisch für den psycho-logischen (psychoanalytischen) Ausgangspunkt ist dabei das libidinöse Gefühl, von dem der Säugling von seiner Geburt an getragen sein soll, aus dem dann wie ERIKSON – schon etwas objektivierter – sich ausdrückt, das „Ur-Vertrauen" sich entwickelt. Nun ist der Ansatz von ERIKSON in diesem Punkt gar nicht so schlecht, und wir könnten ihm zustimmen, wenn damit das gemeint wäre, was wir mit „Welt" bezeichnen. Denn in der Tat muß ein solches Vertrauen entwickelt werden, aber eben als „logische" (im Sinne von „logos"

---

3 Vgl. W. Ritzel, Jean-Jacques Rosseau, S. 137.

= sinnspendend) Dimension, und das wäre die Ordnung, die durch die Welt vorgegeben ist. Dem stehen in der Interpretation ERIKSONS aber ausdrücklich zwei Feststellungen entgegen. ERIKSON bezieht nämlich diese Entwicklung ausschließlich auf die Entwicklung des Ich und des Ich-Ideals. Treffend heißt es beispielsweise: „Das Ich, dieses individuelle Zentrum organisierter Erfahrung und vernünftigen Plans, war einerseits von der Anarchie der Triebe, andererseits von der Gesetzlosigkeit der Gruppenpsyche bedroht."[4] Hier ist also in keiner Weise von einer Beziehung zur Welt die Rede. Dementsprechend kann das Vertrauen bzw. das Ur-Vertrauen nur als eine psychologische Kategorie interpretiert werden. Und genau in diesem Sinne interpretiert ERIKSON auch Vertrauen wie überhaupt alle von ihm sogenannten „psycho-sozialen Krisen". „Um dieses Wachstum und seine Krisen als die Entwicklung einer Reihe von ‚Grundhaltungen' darzustellen, bedienen wir uns der Umschreibung durch den Ausdruck ‚ein Gefühl von'. Das Gefühl der Gesundheit oder das Gefühl, daß einem nicht wohl ist – solche Gefühle durchdringen Oberfläche und Tiefe, Bewußtsein und Unbewußtes. Es sind Weisen bewußten *Erlebens,* die der Introspektion zugänglich sind, Weisen des *Verhaltens,* die von anderen beobachtet werden können; und unbewußte innere Zustände, die man durch Test und Analyse feststellen kann."[5]

Es kann kein Zweifel darüber bestehen, daß es sich hier in erster Linie um eine Ich-Erfahrung und nicht um eine Welt-Erfahrung handelt. Das geht schon daraus hervor, daß in dieser Position immer nur von einer Erlebens-, Verhaltens- und Bewußtseins-Kategorie u.ä. gesprochen wird. Dadurch werden weder die Welt noch ein Du, noch andere „geistige Wesenheiten" (BUBER) in das Blickfeld gerückt, schon gar nicht in Beziehung gebracht, sondern immer ist es nur das Ich, das doch eigentlich als solches gar nicht da ist, sondern – und damit hatte HUMBOLDT im Grunde recht – sich immer erst in einem Gegenüber zur Welt konstituieren kann. Freilich wird das HUMBOLDTsche Konstrukt sofort zu einem Konzept der Ich-Bemächtigung, wenn er die Beziehung des Ich zur Welt dadurch wieder aufhebt, daß er ein An-sich-Reißen dieser Welt vom Ich fordert, wenn das Individuum wirklich ein Ich (Persönlichkeit) werden soll. Aber immerhin ist dabei die Welt noch insoweit im Blick, als sie dem Ich als „Reservoir" dienen soll.

In der psychoanalytischen Theorie schwebt dieses Ich fast frei im Raum. Wir sagen deshalb *fast,* weil es natürlich noch nicht beziehungslos ist, sondern das Du der Mutter „hat", an das es sich festklammern kann, um

4 E. Erikson, Identität und Lebenszyklus. S. 13.
5 Ebenda, S. 62.

sein Vertrauen bzw. Ur-Vertrauen zu finden. Mit Recht hat man in der Auseinandersetzung mit der Psychoanalyse darauf hingewiesen, daß in einer solchen Theorie die Mutter die Schicksalsfigur für den Säugling werde, denn wenn die Mutter zum Schenken dieses Ur-Vertrauens nicht in der Lage sei, sei das Schicksal des Menschen besiegelt. Es ende im Mißtrauen, das ihn nun sein ganzes Leben lang zeichne und das er nie wieder oder nur sehr schwer überwinden könne. Uns scheint, daß keine Feststellung berechtigter ist als diese. Die Mutter ist es eigentlich, die erzogen werden muß, damit sie jederzeit in der Lage ist, dem Säugling das Erlebnis des Vertrauens zu geben, und damit dieser nicht in das Mißtrauen abgleitet. Im Grunde ist hier die Position des Symbolischen Interaktionismus bereits vorausgenommen. Die Mutter hat nämlich so zu interagieren, d.h. Symbole zu zeigen, daß diese in unzweideutiger Weise den Säugling erleben lassen, daß er erwünscht, geliebt und verstanden wird, kurz, daß ihm kein Wunsch abgeschlagen und jede Lust befriedigt wird. Da es aber für Mutter und Kind eine schier übermenschliche Leistung wäre, jederzeit eindeutige Symbole anzuwenden und auch zu verstehen, wird hier die Krise, von der ERIKSON spricht, nämlich die Besiegung und Bewältigung des Mißtrauens zugunsten des Vertrauens zu einem Problem, dessen Bewältigung gelingen, aber auch mißlingen kann.

Das sieht aber ganz anders aus, wenn der Mensch von Anfang an nicht auf sich selbst, sondern auf die Welt, d.h. auf eine Lebensordnung bezogen wird; denn sie ist unabhängig vom Erleben und Verhalten. Sie eröffnet eine „logische" (im Sinne von „logos" = sinnspendend) Dimension, in der es *zunächst* keine Konflikte gibt, denn die Ordnung der Welt kann in sich kein Konfliktpotential bieten, das wäre eine contradictio in adjecto. Die Beziehung zur Welt ist also immer klar, weil die Welt eine vorgegebene Größe ist. In die Welt ist der Mensch immer eingebunden und ist ihr doch gegenübergestellt. Daher nennen wir diese Beziehung „antinomisch"; während die Beziehung zu einem Du, bei der das Ich im Mittelpunkt steht, „ambivalent" erscheinen muß.[6] Die Ambivalenz trägt nach BLEULER immer den Charakter der Doppelbesetzung, also eben die am Beispiel Vertrauen-Mißtrauen aufgezeigte krisenhafte Erscheinung, und eben in dieser Krisenhaftigkeit wird auch die Konflikthaftigkeit deutlich. „Der Begriff Doppelwertigkeit beinhaltet eigentlich auch schon den Sinn, wie er hier gebraucht werden soll, nämlich daß ein Ich zu einem Objekt antagonistische Gefühle hegt, sagen wir also Liebe und Haß zu Vater und/oder Mutter. Die Ambivalenz oder Doppelwertigkeit ist also eine Erlebniskategorie, d. h. sie ist im affektiven

---

6 Vgl. dazu W. Braun, Der Vater im familiären Erziehungsprozeß. S. 10ff.

Bereich angesiedelt und nicht im Seins- oder Erkenntnisbereich. Haß und Liebe – um im Beispiel zu bleiben – sind also im Ich und nicht etwa im Objekt (Vater oder Mutter) angesiedelt; sie sind also nicht objektiv ‚vorhanden', sondern werden nur so erlebt und sind also subjektiv."[7] Andere Psychoanalytiker, wie z. B. GÖRRES, gehen sogar davon aus, daß die Situation der Ambivalenz die Grundsituation der menschlichen Fehlleistungen überhaupt ist. Das wird auch von den modernen Familientherapeuten weitgehend bestätigt.[8] Es ist ganz eindeutig, daß der Säugling und weitgehend auch das Kleinkind mit der Situation der Ambivalenz nicht nur überfordert sind, sondern sich ihr ganzes Leben in einem Abseits von Welt und der darin enthaltenen Ordnung abzuspielen beginnt. Damit aber wird es unmöglich gemacht, daß der junge Mensch in eine Ordnung hineinfinden kann. Nun ist gerade das Wort „Ordnung" heute eher ein Reizwort, das nicht nur junge Menschen, sondern auch manche Erziehungswissenschaftler in Erregung versetzt.

Aber Ordnung steht nicht für sich selbst, sondern ist immer nur ein Symptom von etwas und gleichzeitig ein Symbol für etwas anderes, das als Substrat dahinter steht. Es ist nämlich die sinnspendende Funktion der Ordnung. Der Pädagogik der letzten fünfzig Jahre ist es leider nicht gelungen, diese Tatsache herauszuarbeiten; sie ließ die Ordnung sozusagen als Vorletztes, ohne sie zu hinterfragen, stehen, so als ob sie Selbstzweck sei. Damit ist sie nicht in der Lage gewesen, den Angriffen auf die Ordnung, wie sie Ende der sechziger Jahre bei der sogenannten Jugendrevolution stattfanden, zu widerstehen. Und nicht wenige Pädagogen sind diesem Trend erlegen. Die tiefe Abneigung, die der Begriff „Ordnung" bei einer großen Anzahl von Jugendlichen, aber auch bei immer mehr Erwachsenen auslöst, wenn sie ihn nur hören, ist auf eine völlige Unkenntnis anthropologischer Grundtatsachen oder auf ein Mißverstehen dieses Begriffs zurückzuführen. Sie zeigt zudem, daß der Mensch durch die einseitige Betonung des Ich in der Erziehung und die damit Hand in Hand gehende Ich-Bemächtigung den Faktor Welt bzw., wenn wir in der Sprache BUBERS bleiben wollen, den Faktor Natur bewußt oder unbewußt beiseite schiebt.

Die „Weltlosigkeit", die zugleich eine Flucht aus der „natürlichen" Ordnung darstellt, markiert auch die große Gefahr, in der wir stehen. Der Mensch braucht das Apriori der Welt, auf die er bezogen ist, nicht anzuerkennen. Freilich ist sie ihm anders gegeben als der Pflanze und dem Tier. Die Welt wird ihm nicht einfach wie diesen im Sinne einer

---

7 Ebenda, S. 10.

8 Vgl. A. Görres, Kennt die Psychologie den Menschen? S. 199; A. Y. Napier/ C. A. Withacker, Tatort Familie; H. Stierlin u. a., Das erste Familiengespräch.

Determination vorgegeben, sondern als Gabe, aber auch als Aufgabe, die er in Freiheit zu bestehen hat oder an der er sonst scheitert.
Statt der Beziehung zur Welt steht also die Selbstbeziehung des Ich. Aber wohl erkennend, daß es *nur* damit nicht auskommt, hat es sich für seine „Weltlosigkeit" gleichsam eine Ersatzwelt geschaffen. Das ist die Gesellschaft. Sie ist ein typisches Beispiel für die „Weltflucht" und „Weltlosigkeit" des modernen Menschen. Kein Ich kann allein für sich in einem „luftleeren" Raum bleiben; ja wir können noch weiter gehen und sagen: So wie der Mensch nur mit Bezug zur Welt von einem Ich sprechen und zu einem Ich werden kann, so braucht er nach seiner Flucht aus der Welt eben die Ersatzwelt „Gesellschaft", um ein Mensch zu werden. Heidegger hat einmal auf die Frage nach der Gesellschaft geantwortet, „daß die heutige Gesellschaft nur die Absolutierung der modernen Subjektivität ist".[9] Und damit hat er sicher recht, wenn man bedenkt, daß eine Gesellschaftstheorie im allgemeinsten Sinne eine Theorie des Zusammenlebens von Menschen ist. In diesen Theorien wird dann beschrieben, in welchen Funktionszusammenhängen das Ich von den vielen Ichs, die zu einem Wir zusammengeschlossen sind, abhängt. Hier wird also ganz bewußt postuliert, daß der Mensch eine Funktion der Gesellschaft sei. Aber das gibt ein trügerisches Bild; denn ganz anders als die Welt ist die Gesellschaft nicht ein festumrissenes reales und objektives Gebilde, das dem Menschen gegenübersteht, sondern ein sehr instabiles, sich ständig änderndes und immer wieder neu zu definierendes Gebilde, zu dem das Ich nicht transzendieren kann, sondern in dem es selber steht. Praktisch kann man sagen, daß die Gesellschaft sich mit jedem Menschen, der geboren wird, ändert, ob nun Veränderungen intendiert sind oder nicht. Ein Wesensmerkmal der Gesellschaft ist der Wandel, der „auf dem Eigennutz der Individuen gründet", schreibt Rang, Rousseau interpretierend, „und daher erfüllt von ihrem Konkurrenzkampf, bewirkt [sie] die Abhängigkeit und Ungleichheit der Menschen".[10] Der Eigennutz und der Konkurrenzkampf treiben auch den Wandel voran.
Wir können also feststellen, daß die Gesellschaft und die Gesellschaftlichkeit nur ein Teilbezug der Gesamtbeziehung zur Welt sind, nämlich der Sektor, den Buber mit der Sphäre „Das Leben mit dem Menschen" bezeichnet. Und damit wird der Mensch zu einem Wesen reduziert, das nur noch im Rahmen seinesgleichen gesehen wird, aber der Durchstoß auf die *ganze* Welt ist nicht mehr möglich. Dadurch wird die Erziehung zu einem reinen Instrument des Funktionierens des Menschen im Uneigentlichen; denn das Eigentliche der Welt bleibt dem Menschen in dieser

9 R. Wisser, Martin Heidegger im Gespräch. S. 68.
10 M. Rang, Rosseaus Lehre vom Menschen. S. 145.

Erziehung verborgen. Statt des Transzendierens zur Welt werden Rollendistanz, Ambiguitätstoleranz und kommunikative Kompetenz zu Erziehungszielen erklärt, die doch alle wie auch jedes einzelne für sich immer das Ich wie die Gesellschaft auf ihr gegenseitiges Funktionieren verweisen; aber der Mensch soll nicht funktionieren, sondern er soll im Denken und in der Wahrheit stehen, weil er nur so sein In-der-Welt-Sein transzendieren kann. Dazu bedarf es eben der Erziehung, nicht nur der Sozialisation. Diese Unmöglichkeit, zu transzendieren, zeigt, daß die Gesellschaft von ambivalenter Struktur ist. Ihre Konflikthaftigkeit produziert immer wieder neue Fehlleistungen, die den Menschen in eine Instabilität bringen.

Das aufgezeigte Dilemma, in das uns die Weltvergessenheit der Pädagogik gebracht hat, zeitigt tragische Symptome und bringt chimärische und skurrile Fakten an den Tag, die nicht länger übersehen werden können. Wir streiten seit fast einem halben Jahrhundert über Erziehungsziele und sind doch eigentlich noch keinen Schritt weitergekommen, weil immer dann, wenn die Zusammenhänge zwischen dem Ich und der Gesellschaft thematisiert werden sollen, die einzelnen gesellschaftlichen Gruppen auf den Plan gerufen werden, die wittern, daß man sie und ihre Bedeutung vergißt oder nicht ernst genug nimmt. Das ist eine sonderbare Situation. Vor hundert Jahren hätte noch kein Hochschullehrer das Thema Erziehungsziele in einer akademischen Lehrveranstaltung zu behandeln versucht; denn es war ja klar, daß der Mensch und seine Beziehung zur Welt Thema der Erziehung und damit aller Erziehungslehren sein kann und alles andere eine untergeordnete Bedeutung hat. Die Welt ist das Feld, auf dem der Mensch sich in erster Linie zu bewähren hat, und nicht die Gesellschaft, auch nicht das Ich.

Von der Antike bis in die beginnende Neuzeit hat die Thematisierung des In-der-Welt-Seins in den Sieben Freien Künsten – Grammatik, Rhetorik, Dialektik; Arithmetik, Musik, Geometrie und Astronomie – bestanden. In ihnen ist, wie tatsächlich in einer kaum zu überbietenden Weise, die ganze Welt in Bereiche aufgeteilt, die der Mensch sich selbst eröffnen muß. Es beginnt alles mit der Sprache, denn sie eröffnet das Denken, das den Gedanken im Menschen aufbringt. Die Logik ist dabei eine Grundlage, die das Wesentliche vom Zufälligen, das Richtige vom Falschen, das Einfache vom Zusammengesetzten zu unterscheiden weiß. Damit schließt das Trivium ab. Im Quadrivium kommen zur Sprache die Zahl in der Arithmetik und in der Astronomie, die Form in der Geometrie, und es sind vereint Form und Zahl in der Musik. Die Sieben Freien Künste sind also insoweit die Tore, durch die die Welt betreten werden kann. HONORIUS VON AUGUSTODUNUM, ein Denker des Hochmittelalters (1090 – 1130), geht dabei noch ein Stück weiter, wenn er die

Freien Künste auf zehn Disziplinen erweitert und die Physik, die Mechanik und die Ökonomie mit einbezieht. Man hat darin ein Musterbeispiel für symbolisches Denken gesehen[11], was gar nicht bestritten werden soll; nur sind die Erweiterungen gerade durch diese Disziplinen sicherlich nicht nur symbolisch und auch nicht rein zufällig zu erklären, sondern sie entsprechen einem „Bedürfnis", das anthropologisch einige interessante Schlüsse zuläßt. Es geht nämlich daraus hervor, daß das In-der-Welt-Sein des Menschen keine ein für allemal festgelegte Größe ist, sondern ständig neuer Explikation und Interpretation bedarf. „Das Menschenbild des Mittelalters, der homo viator, und die theozentrische Ordnung der Welt", schreibt SCHOELEN, „sind in der Symbolik einer nach Ständen geordneten Sternenwanderung zum Mittelpunkt des Alls [...]"[12] zu sehen.

Es ist unleugbar, daß es trotz dieser theozentrischen Anthropologie – wenn man diesen Begriff einmal prägen darf und er nicht in sich als widersprüchlich empfunden wird – immer wieder neue Situationen für das Dasein in der Welt gab, die nur aus der existentiellen Geworfenheit zu verstehen sind. Wenn man neben den Sieben Freien Künsten im Mittelalter noch die Sieben Ritterlichen Künste (Schwimmen, Reiten, Pfeilschießen, Fechten, Jagen, Schachspielen, Versemachen und Zur-Laute-Singen) entwickelte und wenn die Sieben Mechanischen Künste (Wollarbeit, Waffenbereitung, Schiffahrt, Ackerbau, Jagd, Medizin und Mimische Kunst) genannt werden, dann ist das keine Abweichung von den Grundelementen, die auf die Welt als Ganzes bezogen sind (nämlich die Sprache, die Zahl und die Form), sondern die Akzente sind nur verschoben.

Bei PESTALOZZI finden wir übrigens, obwohl er schon hinter jener großen Wende der Aufklärung liegt, die die Welt mehr und mehr vergißt und das Ich sucht, den Versuch, noch einmal diese Urelemente der Welteröffnung in einer klassischen, wenn auch eben für die Nachaufklärungszeit typischen Form zu thematisieren. Er sagt, daß Zahl, Form und Sprache die Gegenstände seien, die dazu notwendig sind.

Aber zwischen dem mittelalterlichen Denken und seinen Sieben Wegen der Welteröffnung und dem Dreierweg Pestalozzis finden wir das Denken jener humanistisch-frührationalistischen Epoche, deren größter pädagogischer Vertreter wohl COMENIUS gewesen ist. „Da ist der Gedanke, daß der Mensch selbst eine Welt im kleinen ist, ein Mikrokosmos *nach Art* [Hervorhebung durch den Verf.] des Makrokosmos."[13]

---

11 Vgl. Erziehung und Unterricht im Mittelalter, S. 201, Anmerkung 13.

12 Ebenda, S. 214.

13 J. Dolch, Lehrplan des Abendlandes, S. 192.

Entscheidend ist hier natürlich, daß in dieser „kleinen Welt", die da „Mensch" heißt, der gesamte Makrokosmos vorgebildet ist und er im Prozeß der Erziehung sozusagen nur entfaltet werden muß. Das Makrokosmos-Mikrokosmos-Modell ist eine grandiose Synthese von Mensch und Welt und bestätigt in eindrucksvoller Weise unsere Hypothese, daß die Erziehung eigentlich immer auf die Welt bezogen war. Freilich darf man nicht übersehen, daß in diesem Modell auch schon der Keim für eine aufklärerische Vergottung des Ich steckt, denn es ist nur ein kleiner Schritt, den Mikrokosmos vom Makrokosmos zu lösen oder den Mikrokosmos über den Makrokosmos zu stellen, und der Mensch ist von seinem Weltbezug abgeschnitten und sinkt ganz zurück auf das gesellschaftliche Bezugssystem.

Aber auch noch nach der entscheidenden Wende in der Aufklärung wird die Weltbezogenheit des Menschen vor die Ich- und Gesellschaftsbezogenheit gesetzt. Von HUMBOLDTs Konstrukt ist schon die Rede gewesen. Auch bei HERDER finden wir folgende markante Sätze: „Diese Ausbildung und Entwicklung auf dieses Leben, sie ist Zweck, sie ist Bestimmung; aber das [ist] ein unrechter Gesichtspunkt zu Leben, damit man die Welt vollkommener verlasse, als man sie betrat. Wir betrachten sie, um hier vollkommener zu werden, zuzunehmen und abzunehmen, zu lernen und anzuwenden *und immer uns und die Welt zu genießen* [Hervorhebung durch den Verf.]; das war Absicht der Natur. Alles wird verrückt, wenn ich mir eine einzige Vollkommenheit erwerbe, die bloß fürs Verlassen der Welt Vollkommenheit sei. Ist dies, so ist's auch kein Verlust, wenn uns, wie Sie sagen, unsere hiesige Ausbildung entgehen sollte. Nichts als Fertigkeiten entgehen uns, die außer diesem Zustande (ja nur in einem unrechten Lebensalter) wirkliche Unvollkommenheiten würden, die nur für diese Welt waren und hier angewandt sein müssen. Kräfte und Realitäten entgehen uns nicht. Da stirbt keine Herrlichkeit der Schöpfung. Was wäre es für eine mühselige Herrlichkeit, unsere hier so einseitig vollkommenen Fertigkeiten in einen anderen Zustand mitzunehmen?"[14]

Manche Kritik, die vielleicht hätte einwenden können, daß bei einer so geforderten Erziehung zur Welt die sogenannten Bedürfnisse des Ich zu kurz kämen, wird hier von HERDER widerlegt. Die Welt ist, gerade weil sie Gegenstand der Sorge ist – und das scheint *nur* auf den ersten Blick ein Widerspruch zu sein –, auch Gegenstand des Genusses. Denn auch der Genuß ist eine Befindlichkeit des Daseins. Und noch HERBART betont: „Diese Welt sei ein reicher, offener Kreis voll mannigfaltigen Lebens! So wird er [der Knabe] sie mustern in allen ihren Teilen. Was er

14 J. G. Herder, Brief an Mendelssohn. In: ders., Humanität und Erziehung, S. 179.

erreichen kann, wird er rühren und rücken, um dessen ganze Beweglichkeit zu erforschen. Das andere wird er betrachten und sich im Geiste dahin versetzen. Die Menschen und ihr Betragen wird er meistern, die Lebensarten und Stände nach Glanz und Vorteil und Ungebundenheit vergleichen. Er wird – wenigstens in Gedanken – nachahmen, kosten, wählen. Faßt irgendein solcher Reiz ihn fest, so wird er *kalkulieren* – und er ist der echten Sittlichkeit verloren."[15]

Nach diesem HERBART-Text scheint es gerade wichtig zu sein, daß der Mensch, insbesondere der junge Mensch, der eben nicht jenen reichen und offenen Kreis des mannigfaltigen Lebens sich erhält, sondern an einem Reiz festhält, nicht mehr „sittlich" handeln kann. Es ist zweifellos ein sehr interessanter Gedanke für einen Assoziationspsychologen des 19. Jahrhunderts, daß der Mensch nur im Bezug zur ungeteilten Welt seine sittliche Aufgabe erfüllen kann. Dahinter verbirgt sich eine Auffassung von Sittlichkeit, die eben tiefer zielt als auf eine säuerliche bürgerliche Moralität, wie man HERBART heute gern interpretiert.

Unser kurzer geschichtlicher Exkurs sollte nur zeigen, daß bis ins späte 19. Jahrhundert hinein als ein Grundziel der Erziehung immer die Welt gegolten hat. Die Welt in ihrer Mannigfaltigkeit, aber auch in ihrer Einheit ist Gegenstand der Erziehung gewesen, und darüber gab es keinen Dissens, wenngleich die Interpretation dieser Einheit in der Mannigfaltigkeit von Pädagoge zu Pädagoge verschieden gewesen ist. Aber über die Tatsache als solche, daß die Welt das Feld ist, auf das hin und für das der Mensch erzogen werden muß, gab es einen breiten und allgemeinen Konsens, den zu erzielen nicht lange diskutiert werden mußte.

Wenn wir uns der Symptomatik der „Weltvergessenheit" in einem umfassenden Sinne stellen wollen, dürfen wir den Edukanden selbst nicht vergessen. Trotzdem, oder sagen wir richtiger, gerade weil der Weltbezug in der Erziehung immer stärker in den Hintergrund getreten ist, hat man ein immer perfekteres Service-System von pädagogischen Dienstleistungen errichtet, eben nicht nur für die Zeit, in der der Mensch Edukand ist, sondern man hat den Edukandenstatus im Grund auf das ganze Leben ausgedehnt, obwohl man darüber freilich nicht gerne spricht. Die Tatsache, daß heute vom primären, vom sekundären, vom tertiären und sogar im Hinblick auf das Alter vom quartären Bildungssystem gesprochen wird, läuft auf nichts anderes hinaus. Das ist ganz sicherlich „normal", weil eine ausschließliche Gesellschaftsbezogenheit, die eben nur auf das Funktionieren des Menschen aus ist, ständig neue Funktionen zu produzieren hat, die aber auch gerade wegen der Funktionalität ständig

---

15 J. F. Herbart, Über die ästhetische Darstellung der Welt als Hauptgeschäft der Erziehung. (1804) In: ders., Kleine pädagogische Schriften. S. 48.

Ambivalenzen, d. h. Fehlleistungen produziert, die durch neue pädagogische Maßnahmen wieder beseitigt oder zu beseitigen versucht werden müssen. Innerhalb des menschlichen Zusammenlebens werden soviel verbale und nonverbale Beziehungen und Systeme entwickelt, daß niemand mehr in der Lage ist, ihre Syntax und Semantik zu verstehen, ohne eben die Welt als solche zu verstehen. Das läßt sich gut zeigen an einigen Beispielen aus der Problematik der sogenannten Erziehungsziele. Da geht es beispielsweise um „Emanzipation" oder „Erziehung zum Frieden" oder „Erziehung zur Kommunikationsbereitschaft". Diese drei Beispiele mögen genügen, sie zeigen schon den ganzen Begriffswirrwarr, in dem wir uns befinden. Was ich unter Emanzipation, unter Frieden, unter Kommunikation zu verstehen habe, versteht sich nicht von selbst, so wie die Sieben Freien Künste aus sich selbst zu verstehen waren, sondern nur auf einem dahinterliegenden System, daß wir auch Metasystem nennen. In welches der bestehenden Metasysteme ich aber nun Emanzipation, Kommunikation und Frieden einreihen soll, kann ich nicht wissen, sondern muß es immer wieder neu erfragen und erforschen. Das macht das Geschäft der Erziehung wie auch das Erzogenwerden so schwierig, daß Erzieher und Edukand diese Metasysteme immer wieder neu auf ihre Inhalte befragen müssen und im Leben draußen halt doch niemand weiß, wie er sich „verhalten" soll. Hier wird die „Weltlosigkeit" der Pädagogik ganz deutlich. An die Stelle der Welt sind also Metasysteme getreten, was zur Folge hat, daß der Mensch, ob Kind oder Erwachsener, zu einer Stabilität seiner Beziehungen überhaupt zu kommen nicht in der Lage ist. Die bewirkte Instabilität, die sich durch die Metasysteme immer weiter ausbreitet, bedeutet im Grunde genommen eine außerordentliche psychische Belastung, der schon das Kleinkind ausgesetzt wird im Zuge der sogenannten Sozialisation; denn diese meint ja nichts anderes als die Einführung des Menschen in die Metasysteme. Dabei ergibt sich freilich der Widerspruch, daß jede Sozialisationstheorie nur ein Versuch der Darstellung des Hineinwachsens von Individuen in ein bestimmtes Metasystem ist. Damit werden wir uns später noch zu befassen haben. Doch müssen wir an dieser Stelle schon auf die Konsequenzen hinweisen: Die „Weltlosigkeit" zeigt sich bei den Jugendlichen in einer steigenden Kriminalitäts- und Drogensucht, Anarchie und Brutalität, auch in einem ständig weiteren Auseinanderleben der Generationen untereinander; alles Symptome, die wir heute auf der Tagesordnung finden, mit denen niemand fertig wird. Wir sprechen nicht umsonst von den „Aussteigern". Sie steigen, so sagen wir, aus der Gesellschaft aus. Und warum tun sie das? Weil sie von den Metasystemen im wahrsten Sinne des Wortes ver-rückt gemacht worden sind. Das Aussteigen zeigt sich ja interessanterweise an Symptomen wie einer Protesthaltung gegen alles, was nicht den Bedürfnissen des Aussteigers folgt. Nur dieses – zwar negative – System hat bei ihnen Bestand. Anders ausgedrückt, sie schaffen sich eine Welt, die ihnen paßt. Aber man kann sich eigentlich keine Welt schaffen, in der man an der Wirklichkeit der Welt vorbeigeht. Denn man ist schon immer in der Welt, und wer dieses leugnet oder negiert und eine neue Welt schafft, muß unweigerlich krank werden, denn das Aussteigen und Drogennehmen wie auch das Brutalität-Anwenden ist Symptom einer solchen Erkrankung.

Wir brauchen also im Zeichen der Metasysteme immer mehr Erziehung und wissen doch, daß wir nie dem Anspruch genügen können; mehr noch: je mehr wir erziehen, produzieren wir solche neuen Metasysteme, und damit zeigt sich, daß wir uns in einem Teufelskreis befinden, aus dem zu entkommen uns schier unmöglich zu sein scheint. Anders ausgedrückt heißt das, daß in den Metasystemen weder eine Ordnung noch ein Transzendieren möglich ist. Metasysteme zielen immer darauf ab, daß man ihre Regeln einhält. Weil aber kein Mensch alle Regeln lernen, geschweige denn einhalten und anwenden kann, werden Erziehung und wissenschaftliche Pädagogik immer mehr zu ihrem eigenen Reparaturbetrieb, der also – ähnlich wie das in der Medizin mit Heilmitteln gelegentlich nicht zu vermeiden ist – durch dieselben pädagogischen Eingriffe heilt, aber gleichzeitig auch den Edukanden wieder schädigt, so daß er in absehbarer Zeit erneut pädagogische Hilfe in Anspruch nehmen muß.

In diesem Sinne muß man übrigens ROUSSEAUS „Emile“ lesen und verstehen. Da ist der eigentliche Gegensatz von Natur und Kultur angesprochen. Für „Natur“ könnten wir in unserem Sinne auch „Welt“ sagen. Wenn ROUSSEAU von den verderblichen Leidenschaften spricht, die die Kultur im Gefolge hat, dann meint er, daß das von Menschenhand Geschaffene ein Artefakt ist. Wenn diese Artefakte allein die Beziehungen der Menschen zueinander und zu den Dingen ausmachen, dann kommen wir eben zur Herrschaft der Metasysteme, die gelegentlich auch als sekundäre Systeme interpretiert worden sind, wobei diese mit den erstgenannten freilich nicht ganz identisch sind. Im Zustand der Weltbezogenheit ist Emile ein Mensch, der nur seine eigenen Bedürfnisse befriedigt, während er im Zustand des Metasystems „Kultur“ ein Wesen der „Eigenliebe“ ist, das immer mehr will, als es kann, und das damit psychisch erkrankt.

2

„Wohlwollen" gegenüber metasystematischen Ansätzen in der Geschichte

2.1

Jean-Jacques Rousseau

Wenn wir nun bei ROUSSEAU die Kultur als ein System begriffen haben, das im Grunde artifiziell ist und aufgrund dessen er daher immer wieder die Rückkehr zur Natur predigt, so ergibt sich die Frage, wie das auf die Welt gerichtete Denken und Handeln beschaffen sein muß. Es ist nach ROUSSEAU die „Selbstliebe", eine zugegebener Maßen etwas merkwürdige und eigenwillige Bezeichnung. Diese „Selbstliebe" ist jedoch keineswegs nur auf das Ich gerichtet, wenngleich sie nach ROUSSEAU beim Ich beginnt. Hier ist schon das Denken nach der aufklärerischen Wende deutlich spürbar. Der Mensch geht nicht mehr von der Welt aus, sondern er kommt über sein Ich zur Welt. Und doch gibt es auch so etwas wie das In-der-Welt-Sein bei ROUSSEAU: Das ist das natürliche Gesetz. Aber es bleibt letztlich bei ihm ungeklärt, ob diese Ordnung der Natur dem Menschen apriorisch gegeben ist oder ob diese nur ein Bestandteil des Ich ist. Das auszumachen ist eine recht schwierige Frage, aber nichtsdestoweniger gibt es ein „Verhalten" dieses natürlichen Menschen. Das bezeichnet ROUSSEAU mit „Wohlwollen". Hier taucht offensichtlich die aus der antiken (aristotelischen) und mittelalterlichen Philosophie bekannte Gutheit oder Güte wieder auf, die zu den transzendentalen Bestimmungen des Seins gezählt wird. Dieses „Wohlwollen" gehört zur „Selbstliebe", bzw. geht es aus ihr hervor, und es versteht sich von selbst, daß dieses „Wohlwollen" nur auf andere gerichtet sein kann, während die Eigenliebe nur an sich denkt, in dem sie sich mit anderen vergleicht und daher nie zufrieden ist.

Wir können also sagen, daß der natürliche Mensch in der Welt eine Beziehung zu den Dingen und den Menschen hat, die auf „Wohlwollen" gründet. Dieses „Wohlwollen" ist nicht nur eine natürliche, sondern auch eine unmittelbare Beziehung, d. h., der Mensch im Naturzustand handelt aus einer Spontanität heraus, die nicht weiter thematisiert werden kann. Das „Wohlwollen" kann kein Gegenstand einer wissenschaftlichen Betrachtung werden, weil der Mensch im Einklang steht mit der Welt und allem, was auf dieser Welt ist, so daß ein Grad der Reflexion hier unmöglich ist. Der Mensch in diesem Zustand ist „natürlicherweise zum Wohlwollen gegen andere geneigt", denn alle, „die sich ihm nähern, [sind bemüht,] ‚ihm zu helfen'. Aus dieser Beobachtung erwächst das Gefühl freundlicher Gesinnung gegen alle anderen Menschen."[16] Dementsprechend ist im natürlichen Zustand im Sinne ROUSSEAUs auch keine Erziehung notwendig. Das ist, so könnte man sagen, die äußerste Konsequenz eines Optimisten. Hier braucht also Erziehung überhaupt nicht thematisiert und auch nicht systematisiert zu werden, denn „Wohlwollen" schließt ein optimales System in sich ein.

Diese Linie wird im ganzen „Emile" durchgehalten, auch in der Phase der Jugend nach dem 12. Lebensjahr wenigstens im Prinzip, aber eben nicht im „Contrat social".[17] Hier wird das „Wohlwollen", das in der Dimension des Gefühls liegt, ersetzt bzw. ergänzt und überhöht durch die „volonté générale", den allgemeinen Willen, denn *nur* er „zielt auf das *gemeinsame* Interesse".[18] Um das Zusammenleben in einem Gemeinwesen, wie es der Staat ist, zu gewährleisten, kann man sich nicht auf so etwas Unsicheres wie das „Wohlwollen" verlassen, sondern hier muß nun an die Stelle der Neigung, des unmittelbaren Weltbezugs, ein reflektierter Weltbezug treten, und dieser besteht in der Pflicht. Diese aber wird thematisiert im Willen. Noch ist ROUSSEAU von einer Systematisierung weit entfernt. Der Wille sorgt dafür, daß an die Stelle der Liebe, denn das ist ja das „Wohlwollen" in der Praxis, ein mittelbares Prinzip tritt, das durch die Willenskraft dargestellt wird.

Das ist eine außerordentlich interessante Entwicklung. Das Mißtrauen gegen jede Unmittelbarkeit, die aus dem Gefühl kommt, muß überwunden werden zugunsten eines Vernunftsprinzips, das durch den Willen repräsentiert wird, denn der Wille „ist immer beständig, unveränderlich und rein".[19]

Es kann nicht geleugnet werden, daß hier in ROUSSEAUs „Contrat social" der Beginn der gesellschaftlichen Denkweise zu suchen ist und die Welt als solche in den Hintergrund gerät, denn das geht auch aus dem ROUSSEAUschen Kontext hervor: „Solange sich Menschen, die sich vereinigen, als einen einzigen Körper betrachten, haben sie nur einen

---

16 J.-J. Rosseau, Emile oder über die Erziehung. S. 232.
17 Vgl. W. Ritzel, a.a.O., S. 114f.
18 J.-J. Rosseau, Der Gesellschaftsvertrag. S. 76. Hervorhebung durch den Verfasser.
19 Ebenda, S. 173.

einzigen Willen, der auf die gemeinsame Erhaltung und auf das gemeinsame Wohl gerichtet ist. Dann sind alle Triebkräfte des Staates stark und einfach, seine Grundsätze klar und deutlich; es gibt keine verwickelten und widersprüchlichen Interessen, das allgemeine Wohl tritt überall klar hervor, und es bedarf nur gesunder Vernunft, um es wahrzunehmen. Friede, Einigkeit und Gleichheit sind Feinde politischer Spitzfindigkeiten.“[20]

Aber um so sein zu können, bedarf es eben eines beständigen, unveränderlichen und reinen Willens. Ist denn das „Wohlwollen“ nicht von dieser Qualität? Steckt nicht in dem Begriff „Wohlwollen“ auch ein Stück des Begriffs „Willen“? Hier kommen wir zu sehr komplizierten Fragen, aus denen sich nun doch herausschält, wie es auch bei einem Pädagogen der Aufklärung nicht anders sein kann, daß das Ich im Vordergrund der Betrachtungen insofern steht, als es psychologisch und nicht existentiell gesehen wird, das zuerst und vor dem nichts anderes ist. Wenn wir schon die Frage erörtert haben, ob denn das Ich vor der Welt oder die Welt vor dem Ich ist, so müssen wir jetzt mit BACZKO feststellen: „Das Gefühl der Teilnahme an der Ordnung ist zugleich die Affirmation der eigenen Natur, des eigenen ‚Ich‘, eines freien Handelns, im Einklang mit den Dispositionen und Instinkten, die der Mensch als ‚sein eigen‘ anerkennt.“[21]

Das gilt also schon für das „Wohlwollen“, aber es kann die drei geforderten Eigenschaften „Beständigkeit“, „Unabänderlichkeit“ und „Reinheit“ nicht „aufbringen“, weil der junge Mensch in der naturhaften Phase des „Wohlwollens“ ein Wesen der Schwäche ist. „Wohlwollen“ wird daher zu einer Art animalischem Trieb und damit zu etwas Rangniederem und von daher eigentlich auch noch nicht ganz zu einer Leistung des Ich, so wie das Tier keine ichhaften Akte kennt. Man könnte im äußersten Falle vielleicht sagen, daß diese Akte vor-ichhaft seien. Die eigentlich ichhaften Akte beginnen erst im Bereich der Vernunft, wobei der Wille als Prinzip geradezu als Inbegriff aller höheren ichhaften Akte hingestellt wird und erscheint. RANG weist darauf hin, daß ROUSSEAU hier die moderne Schichtenlehre schon vorausnimmt.[22] Daraus folgt aber nun zweierlei: Hier wird die Welt als solche vergessen, hintangestellt, und es ist letztlich doch das Ich, das von sich aus eine Leistung aufbringt und erbringt. Dabei gibt es niedere und höhere Leistungen. Schon aus moralischen und sittlichen Erwägungen hat der Mensch um seiner Sittlichkeit willen die höchstmögliche Leistung zu erbringen, denn je

---

20 Ebenda, S. 171.

21 B. Baczko, Rosseau. Einsamkeit und Gemeinsamkeit. S. 261.

22 Vgl. M. Rang, a.a.O., S. 513 und 515.

höher eine Leistung wird, desto ichhafter und damit auch desto bewußter wird sie, desto stärker ist sie von der Reflexion begleitet, aber desto sektoraler wird sie auch, d.h., sie betrifft nicht mehr das Ganze des Menschen wie auch das Ganze der Welt, sondern entspricht nur noch diesem Metasystem, das da im Entstehen begriffen ist. Dieses Metasystem heißt also: Erziehung zur Sittlichkeit über den Willen. Nun wird man nicht leugnen können, daß die Sittlichkeit ein wichtiger Aspekt der Erziehung ist, aber man wird fragen müssen: Ist sie der einzige Aspekt, und kann sie nur über eine Leistung des Ich erbracht werden?
Von diesen Gedanken her verstehen wir erneut die Forderung, daß der Wille beständig, unveränderlich und rein ist und daß er nicht „vernichtet oder verfälscht" werden kann; denn „er ist einem anderen untergeordnet, der sich über ihn hinwegsetzt. Jeder, der sein Interesse von dem Allgemeinen loslöst, begreift sehr wohl, daß er sich nicht völlig von ihm trennen kann; aber sein Teil an dem gemeinsamen Elend scheint ihm in Hinblick auf sein persönliches Wohlergehen gering und nichtssagend. Davon abgesehen, will er schon um seines eigenen Vorteils willen das allgemeine Beste ebenso eifrig wie irgendein anderer. Selbst wenn er seine Stimme für Geld verkauft, vernichtet er den eigenen Willen nicht an sich, sondern er umgeht ihn nur. Der Fehler, den er begeht, besteht darin, daß er die Fragestellung ändert; er antwortet auf etwas ganz anderes, als er gefragt ist. Anstatt durch Abgabe seiner Stimme zu sagen: *Es ist für den Staat vorteilhaft, sagt er: Es ist für diesen oder jenen Menschen, für diese oder jene Partei vorteilhaft, daß dieser oder jener Antrag durchgeht.* Daher verlangt das Gesetz der öffentlichen Ordnung, daß der allgemeine Wille in den Volksversammlungen nicht nur erhalten bleibt, sondern auch befragt wird und er sich stets äußert".[23]
Besser als an dieser Stelle wird nirgends so früh und so umfassend das Phänomen der Gesellschaftlichkeit und der gesellschaftlichen Bezogenheit aller Erziehungsziele deutlich. Es wird darüber hinaus auch deutlich, daß das Ich und nicht die Welt *Ausgangspunkt und Ziel* aller pädagogischen Bemühungen ist. Gerade in dem Ich als Ausgangs- und Zielpunkt sehen wir das Moment der Ambivalenz. Fraglos besteht hier ein Dissens zwischen dem „Contrat social" und dem im gleichen Jahr fertig gewordenen „Emile", in dem, wie wir gesehen haben, der Weltbezug wenigstens für die Phase der Kindheit bis zum 12. Lebensjahr sichergestellt ist. Das zeigt uns wiederum, daß auf der einen Seite Wohlwollen, Erfahrung, Schwäche und Weltbezug einander ergänzen, während Gesellschaftlichkeit, Vernunft und Wille sowie Stärke auf der anderen Seite der Waage einander zugeordnet sind.

23 J. J. Rosseau, Der Gesellschaftsvertrag, S. 173.

An diesem Konstrukt ROUSSEAUs wird deutlich, daß hier ein Metasystem vorliegt, das wie alle Metasysteme nicht mehr den Menschen in seiner Welt sieht, sondern in seinem sozialpolitischen Verhalten. Wir hören im „Emile", daß der Mensch im Zustand des Bürgers ein Verhalten erbringen muß, durch das er sein gesellschaftliches Dasein zu rechtfertigen hat. Dabei muß er Abstriche an seinen Bedürfnissen vornehmen. Dieses Verhalten muß „unabänderlich" und „beständig" sein, d.h. – und hier sehen wir die modernen Sozialwissenschaften schon vorgezeichnet – einer Regel entsprechen, die hier die Regel des Willens ist. Die existentiale Betrachtungsweise zeigt gegenüber der sozialen Betrachtungsweise viel umfassender, daß der Mensch von Anfang an in der Erschlossenheit des Daseins sich befindet und diese ständig neu zu aktualisieren hat. Nur wenn er sich dieser Tatsache stellt, kann er ganz er selbst werden, d.h., daß er sich nicht an die Alltäglichkeit des Man ausliefert. In diesen Alltäglichkeiten und im Leben nach dem Prinzip des Man ist gerade die Auslieferung an ein wie auch immer geartetes Gesellschaftssystem zu erblicken.

2.2

Immanuel Kant

Von ROUSSEAUs Ansatz bis zu KANT ist es nur ein Schritt, doch ist KANTs Ansatz substanziell ganz anders. KANT übernimmt im wesentlichen ROUSSEAUs Auffassung, daß die wohlwollende Selbstliebe nur eine niedere Art von Liebe sei, die der Mensch mit den Tieren gemein hat. Die wahren und richtigen Beziehungen der Menschen untereinander können nur aus dem aus der Vernunft hervorgehenden Willen entwickelt werden. Aber KANT geht über ROUSSEAU gleichzeitig weit hinaus, wenn er überhaupt jede Beziehung zur Welt aufgibt, indem er Raum und Zeit zu Kategorien der Vernunft deklariert. Hier wird die idealistische Position, die das (transzendentale) Ich in seiner überragenden Bedeutung herausstellt, deutlich. Damit Hand in Hand geht bei KANT sogar eine gewisse Weltflucht. Diese resultiert aus der von ihm vertretenen Position, daß alle materiale Ethik eine Güter- und damit eine Zweckethik ist. Als solche ist sie für ihn in jedem Falle hedonistisch. Jedoch sieht KANT nicht, daß damit eine Omnipotenz des (transzendentalen) Ich und eine Art autistischer Hedonismus eingeleitet wird. Dieser autistische Hedonismus gipfelt – und das mag für manchen einen Widerspruch darstellen – im

Pflichtbegriff. Dieser formalistische Pflichtbegriff ist eine reine Leistung des (transzendentalen) Ich. Von ihm wird die außerhalb des Ich bestehende Welt sozusagen erst miterschaffen, indem es über Raum und Zeit, zwei wesentliche Dimensionen des Daseins in der Welt, verfügt und mit Hilfe des Willens Leistungen vollbringt. Wenn man von der protestantischen Leistungsmoral gesprochen hat, dann ist das sicher für KANT zutreffend. Das Subjekt wird durch den kategorischen Imperativ ständig unter Leistungszwang gesetzt.

Eine anthropologische Verkennung des Wesens Mensch liegt freilich in dem Konstrukt vor, aus dem der formalisierte Pflichtbegriff geboren wird: Es ist die völlig von der Tatsache des In-der-Welt-Seins absehende Idee, daß alles Handeln, das auf Güter und Werte gerichtet ist, nur legales Handeln und niemals autonomes Handeln sein könne. Allein durch diesen Gedanken wird die Einsamkeit des Menschen als ein Eingemauertsein in sein eigenes (transzendentales) Ich besonders deutlich. Der Weg geht in die Innerlichkeit. Schon SCHELER hat mit HEGEL festgestellt, „daß eine Ethik, die sich auf den Begriff des Sollens, ja des Pflichtsollens *gründet* und in diesem Sollen das ethische Urphänomen erblickte, der *tatsächlichen* sittlichen Wertwelt nie gerecht werden kann, ja daß nach ihr in dem Maße , als ein bloßer Pflicht-Sollensinhalt real wird, also ein Imperativ, ein Gebot, eine Norm z. B. im Handeln auch erfüllt wird, der Inhalt aufhörte, ein ‚sittlicher' Tatbestand zu sein".[24] Wir gehen noch ein Stück weiter und behaupten, daß die Verbindung zur Welt durch KANTS Denkansatz überhaupt zerrissen wird. Denn das In-der-Welt-Sein des Menschen kann gar nicht anders verstanden werden, als daß es der Mensch immer mit den Mitmenschen und Dingen und damit auch mit Gütern und Werten zu tun hat. Das So-tun-Wollen, als ob es diese nicht gäbe, heißt doch nur, daß der Mensch in eine neurotische Situation gezwungen wird. Er muß so handeln, als ob es die ganze Welt nicht gäbe, muß aufgrund einer Fiktion handeln, die da Pflicht heißt. Warum das eigentlich? Das Ganze geht doch offenbar nur darum, über Vernunft, Wille und Pflicht ein System schaffen zu können, das menschliches Handeln im wesentlichen vorhersehbar, verstehbar und „berechenbar" macht. Hier haben wir wieder ein Stück des Weges auf ein Metasystem hin zurückgelegt. Aber widerspricht dem nicht der KANTsche Gedanke der Autonomie? Sie kann von unserer Position aus doch nur als ein Konstrukt angesehen werden, denn ohne diese könnte es natürlich keine Pflicht geben. Als Ersatz für die fehlende Welt wird die „Autonomie des Willens" proklamiert, die doch genauer besehen nichts anderes ist als der Versuch, ein solches Metasystem aufzustellen.

---

24 M. Scheler, Der Formalismus in der Ethik und die materiale Wertethik, S. 194.

Aber noch in anderer Hinsicht ist an dem Begriff der Autonomie Kritik zu üben. Autonom sein heißt unabhängig sein – aber unabhängig wovon? Ist es nur die von KANT so genannte Unabhängigkeit vom Naturgesetz? Müßte der Autonome da nicht auch von der ihn umgegebenen Kultur unabhängig sein? Braucht aber die Pflicht nicht gerade einen Widerpart, der nicht formalisiert, sondern material gefüllt ist, sowie es etwa die Sorge ist. (Bei dem Begriff „Sorge" kommt uns die Sprache sofort zu Hilfe, indem sie uns das „Sorge wofür" in den Mund legt, ein ähnliches sprachliches Hilfselement steht uns beim Begriff „Pflicht" nicht so leicht zur Verfügung.) SCHELER hat treffend zu dem berühmten Satze KANTS: „Du kannst, denn du sollst!" – in Auslegung des § 6 der „Kritik der praktischen Vernunft" vermerkt, daß das heißen soll „unser ‚*Können*' soll uns erst in dem Maße zum Bewußtsein und zur Erkenntnis kommen, als wir uns unsere *Pflicht* vor Augen halten. Niemals dürfen wir zuerst uns die Frage vorlegen, was in unserer Macht liegt, um erst in den Grenzen dessen, was wir so gefunden haben, das, was wir sollen und nicht sollen, zu bestimmen; sondern umgekehrt, müssen wir zuerst die ‚Stimme der praktischen Vernunft' vernehmen, die uns zu einem Tun kategorisch verpflichtet, um dann erst postulatorisch zur *Annahme* zu gelangen, daß wir auch vermögen was wir sollen."[25] Aber kann diese Frage nach der Pflicht überhaupt beantwortet werden, wenn das (transzendentale) Ich das apriorisch Vorgegebene ist und nicht die Welt? Ist es dann wirklich so falsch, wenn ich zuerst die Frage stelle, was in meiner Macht steht, und die Frage, was ich soll, nur noch nebenbei oder überhaupt nicht mehr gestellt wird? Für sich selbst hat KANT diese Frage nach dem Sollen noch mit einem klaren Ja beantworten können, aber nicht mehr für seine Nachfolger, die sich in bezug auf den Menschen und die Dinge daran nicht mehr gebunden fühlten und die Macht als ein Kalkül ganz bewußt einsetzten und alle Möglichkeiten, die diese Macht ihnen gab, durchspielten und auch vor der Errichtung von artifiziellen Metasystemen nicht zurückschreckten. Das (transzendentale) Ich ist in seiner Omnipotenz, wenn es erst einmal von der Welt abgekoppelt ist, nicht mehr zu halten. Es entledigt sich souverän der Pflicht, die es doch nur im Rahmen eines größeren Ganzen, als es die KANTsche Pflicht ist, geben kann. Bei KANT finden wir schon die Quelle für die sich entwickelnde „instrumentelle Vernunft" (HORKHEIMER), die die ausgeklügelten Metasysteme erdenkt. KANT hat sie bereits auf den Weg gebracht. Sie sind das Ergebnis der Ambivalenzen, in die sich das Ich verstrickt hat. Hier besteht keine Freiheit (Autonomie), sondern es besteht ein zwanghaftes Verhalten zu einem undefinierbaren Gesell-

25 Ebenda, S. 243.

schaftssystem. Echte Autonomie kann es dagegen nur geben, wenn der Mensch aus dem Gehäuse seines Ich herauskommt, und sie entstammt der Erschlossenheit, in der der Mensch immer schon steht, die er aber zu einer Entschlossenheit in der Sorge um die Welt machen muß, von der HEIDEGGER sagt: „Die Entschlossenheit bedeutet Sich-aufrufen-Lassen aus der Verlorenheit in das Man. Die Unentschlossenheit des Man bleibt gleichwohl in Herrschaft, nur vermag sie die entschlossene Existenz nicht anzufechten.“ [26]

2.3

Johann Heinrich Pestalozzi

Bei PESTALOZZI treffen sich nun die zwei Gedankenkreise, die von ROUSSEAU und KANT ausgegangen sind, in einer für uns interessanten Vermischung. Indem er KANT folgt, überhöht PESTALOZZI in seinem pädagogischen Ansatz den nur natürlichen sowie den gesellschaftlichen Stand ROUSSEAUS mit dem sittlichen Stand. Im natürlichen Stand ist der Mensch ein anomes Wesen, im gesellschaftlichen Stand ein heteronomes und im sittlichen Stand ein autonomes Wesen. Insoweit geht er also ganz mit KANT. Trotzdem dürfen wir bei der Frage nach der Bedeutung, die die Welt in PESTALOZZIS Konzeption hat, nicht einfach die kritischen Anmerkungen, die wir bei KANT gemacht haben, auf PESTALOZZI übertragen. Er macht den Versuch, das im Ursprung „realistische“ Denken ROUSSEAUS, das wir mit dessen Begriff „Wohlwollen“ umschrieben haben, mit dem ersten von ROUSSEAU zwar selbst umschriebenen, aber von KANT ausgeführten Ansatz der Begründung einer metasystematischen Betrachtung in Einklang zu bringen. Aber bedeutet das nicht die Quadratur des Kreises? PESTALOZZI selbst hat uns mitgeteilt, wie mühsam diese Arbeit war: „Ich schrieb drei Jahre lang mit unglaublicher Mühseligkeit an den ‚Nachforschungen über den Gang der Natur in der Entwicklung des Menschengeschlechts‘ wesentlich in der Absicht, über den Gang meiner Lieblingsideen mit mir selbst einig zu werden und meine Naturgefühle mit meinen Vorstellungen vom bürgerlichen Rechte und von der Sittlichkeit in Harmonie zu bringen.“ [27]
Auch für ihn ist und bleibt die im „Wohlwollen“ unmittelbar gegebene Weltzugewandtheit eine niedere, ja eine tierische Kraft. Aber der Sinn der

26 M. Heidegger, Sein und Zeit, S. 299.
27 J. H. Pestalozzi, Wie Gertrud ihre Kinder lehrt. S. 13.

Erziehung ist gerade, das im Naturzustand dem Menschen gegebene natürliche „Wohlwollen" auf einer höheren Ebene, nämlich im sittlichen Zustand wiederzugewinnen: „Nur als Werk meiner selbst vermag ich die Harmonie meiner selbst mit mir selbst wieder herzustellen. Ich erkenne als solches, daß kein tierisches Gleichgewicht zwischen meiner Kraft und meiner Begierde in mir selbst, wie ich wirklich bin, haltbar ist, daß meine Selbstsucht und mein Wohlwollen im gesellschaftlichen Menschen wesentlich nicht harmonisch existieren kann, daß ich zu diesem Zustand aufhören müsse, selbstsüchtig unwohlwollend, um wohlwollend unselbstsüchtig existieren zu können."[28]

„Wohlwollen" und Selbstsucht stehen sich also gegenüber und schließen einander aus. Statt „Wohlwollen" könnte man auch „Weltnähe", „Weltzugewandtheit" oder auch „Sachlichkeit" sagen und für „unselbstsüchtig" auch „selbstlos". Dieses erstrebte Ziel ist aber nur zu erreichen, wenn der Mensch den unreflektierten „harmonisch-wohlwollenden" Zustand überwindet und mit der Kraft seines Willens, der aus der Vernunft hervorgeht, in einer tieferen Weise dieses „Wohlwollen" wieder anzustreben versucht. Daher heißt es bei PESTALOZZI weiter: „Also komme ich als Werk meiner selbst durch meinen Willen dahin, auf den Ruinen der zertrümmerten tierischen Harmonie meiner selbst als Wohlwollen meiner Natur auf die Unterjochung meiner Selbstsucht unter meine sittliche Kraft zu gründen und also mitten im Verderben eines Zustandes, der meine Selbstsucht wesentlich verhärtet, mich selbst dennoch wieder zu dem friedlichen gutmütigen und wohlwollenden Geschöpf zu machen, das ich als Werk der Natur nicht bleiben und als Werk des Geschlechts nicht werden kann."[29]

PESTALOZZI verlegt also anders als KANT das Erziehungsziel, wenn es durch die Einsamkeit des Ich gelaufen ist, wieder zurück in die Welt, freilich in eine Welt, in der diese Unmittelbarkeit des Naturzustandes nicht mehr vorhanden ist, die aber in reflektierter Sittlichkeit wieder erworben werden muß. Ob und wie das möglich ist, hat PESTALOZZI in seinem Roman „Lienhart und Gertrud" konkret darzustellen versucht. Die Hauptakteure, die die Sanierung des Dorfes Bonnal sich zur Aufgabe gestellt haben und sie schließlich auch erreichen, handeln aus diesem reflektierten Wohlwollen. Bei der Darstellung seiner Intentionen bleibt PESTALOZZI seinem Grundsatz treu, daß Kopf, Herz und Hand gebildet werden sollen, wobei gerade das Herz (Wohlwollen) eigentlich nicht an zweiter, sondern an erster Stelle steht.

---

28 J. H. Pestalozzi, Meine Nachforschungen über den Gang der Natur in der Entwicklung des Menschengeschlechts. S. 99.

29 Ebenda.

Man darf nicht übersehen, daß durch diese Konstruktion ein Riß geht. Wenn wir die Frage stellen, wo denn nun eigentlich die Welt ist, kommen wir zu einer geteilten Antwort. Der Mensch ist zunächst in der Welt in einer unreflektierten Naturhaftigkeit, aber da diese ja tierisch ist, muß sie überwunden werden; und der Makrokosmos wird in den Mikrokosmos zurückverlegt, um dann doch wieder in den Makrokosmos einzumünden, der jedoch nie ganz übersehen oder vergessen worden ist. Das wird am besten deutlich in „Wie Gertrud ihre Kinder lehrt". Dort heißt es: „Aller Unterricht des Menschen ist also nichts anderes als die Kunst, diesem Haschen der Natur nach ihrer eigenen Entwicklung Handbietung zu leisten, und diese Kunst ruht wesentlich auf der Verhältnismäßigkeit und Harmonie der dem Kinde einzuprägenden Eindrücke mit dem bestimmten Grad seiner entwickelten Kraft. Es gibt also notwendig in den Eindrücken, die dem Kind durch Unterricht beigebracht werden müssen, eine Reihenfolge, deren Anfang und Fortschritt dem Anfange und Fortschritt der zu entwickelnden Kräfte des Kindes genauso Schritt halten soll."[30]
Zweifellos gibt es bei PESTALOZZI eine gewisse Verschränkung von innen und außen. Der Mensch kann nur Mensch werden, indem er in die Einsamkeit des Ich kommt, aber nicht in ihr stehenbleibt, sondern, wenn er diese durchschritten hat, in einer neuen Weise der Welt sich zuwendet. Damit geht er *pädagogisch* über KANT hinaus, der in der Einsamkeit des Ich verharrt. Bei PESTALOZZI stehen das Ich und die Welt in einer einmaligen oder eigentümlichen Verschränkung. Und doch, oder gerade deswegen, kann man eigentlich nicht sagen, daß die Autonomie eingeschränkt sei, sie wird vielmehr erst richtig deutlich als das, was sie ist, nämlich die Entschlossenheit zur Meisterung des Lebens. Insofern wird bei PESTALOZZI deutlich, daß eine richtig verstandene „Autonomie" nicht die Unabhängigkeit von der Welt bedeuten kann, sondern das In-der-Welt-Sein und Bei-der-Welt-Sein – der Welt, die mich in Sorge bringen kann und die ich daher besorge. Da gewinnt der in der „Abendstunde eines Einsiedlers" geprägte Begriff „Bahn der Natur" eine doppelte Bedeutung: Es heißt einerseits, daß der Mensch diese „Bahn der Natur" in seinem Innersten findet, andererseits heißt es, daß der befriedigte Säugling diese „Bahn der Natur" von seiner Mutter lernt.[31] Die „Bahn der Natur" ist für ihn das Fundament der Menschenbildung. „Es ist wichtig zu beachten, daß in dem Ganzen dieser Bahn drei Momente miteinander verbunden sind, die ihrem Wesen nach einander widerstreiten: Die Bahn des Herzens und die des Verstandes. Der

30 J. H. Pestalozzi, Wie Gertrud ihre Kinder lehrt. S. 21f.
31 Vgl. J. H. Pestalozzi, Die Abendstunde eines Einsiedlers. S. 5.

Widerstreit besteht nicht nur darin, daß die Beziehungen des Herzens personaler, die des Verstandes aber sachlicher Art sind. Es besteht vor allem in dem jeweils verschiedenen Gewicht, das dem Prinzip der ‚Nähe' auf beiden Geleisen der ‚Bahn der Natur' zukommt. Der Verstand steht zu dem Prinzip der Nähe in einem merklich gespannteren Verhältnis als die Liebe."[32]

Das ist in der Tat eine der großen Leistungen PESTALOZZIS, daß er die beiden Ansätze von ROUSSEAU und KANT, die in ihrer Art zu Metasystemen neigen und sie geradezu fordern, verbunden hat und durch die Akzentuierung des „Herzens" in der Pädagogik eine Weltoffenheit herbeigeführt hat, wie sie wohl für das 19. Jahrhundert von entscheidender Bedeutung geworden ist. Diese Weltoffenheit ist festzustellen bis in seine didaktischen Konzeptionen hinein. Es sind vor allem die Prinzipien der Anschauung und der Nähe, welche immer wieder dafür sorgen, daß die Welt nicht aus dem Blick verlorengeht, denn beide bedingen einander. Das Herz kann nur schlagen, wenn der Zögling auch immer die notwendigen Impulse aus der ihn umgebenden Welt (von Menschen und Dingen) erhält. „Das Herz bedarf der Personen, mit denen es ‚von Angesicht zu Angesicht' in Beziehung steht, der Verstand bedarf der ‚Reallage', in der er allein tätig sein kann."[33] Das reine Verstandesdenken lehnt im Grunde genommen jede Nähe ab. Es will gerade über die Nähe hinaus zum Entfernten. Der Verstand schweift weit ab, versucht eigentlich immer einen großen Bogen zu spannen, sofern man unter Verstand eben die ratio, nämlich die Vernunft, versteht und nicht nur den intellectus. Meint man aber nur den Verstand, also das diskursive Denken, so ist dieser immer auf das Machbare aus und widerstreitet gerade auch deshalb aller sinnlichen Erfahrung und erst recht dem „Wohlwollen". Er bringt dann als Ziele solche pädagogischen Mißgeburten hervor, wie wir sie im ersten Kapitel aufgezeigt haben.

Wir dürfen wohl annehmen, daß PESTALOZZI mehr die Vernunft als den Verstand meint, wenn wir z. B. lesen: „Der Mechanismus der sinnlichen Menschennatur ist in seinem Wesen den nämlichen Gesetzen unterworfen, durch welche die physische Natur allgemein ihre Kräfte entfaltet. Nach diesen Gesetzen soll aller Unterricht das Wesentlichste seines Erkenntnisfaches unerschütterlich tief in das Wesen des menschlichen Geistes eingraben, dann das weniger Wesentliche nur allmählich, aber mit ununterbrochener Kraft an das Wesentliche anketten und alle ihre Teile bis in das Äußerste ihres Faches in einem lebendigen, aber verhältnismäßigen Zusammenhang mit demselben erhalten. Ich suchte

---

32 K. Müller, Johann Heinrich Pestalozzi. S. 61.
33 Ebenda, S. 60.

nun die Gesetze, denen die menschljchste Geistesentwicklung vermöge ihrer Natur selber unterworfen werden muß, aufzufinden; ich wußte, daß sie mit denjenigen der physisch-sinnlichen Natur die nämlichen sein mußten, und glaubte in ihnen den Faden sicher zu finden, aus dem sich eine allgemeine psychologische Unterrichtsmethode herausspinnen lasse."[34]

Diese Aussagen, die heute überholt oder zumindest anfechtbar sind, können natürlich nur verstanden werden, wenn man sie in dem Rahmen sieht, in den wir sie hier zu stellen versucht haben, nämlich im In-der-Welt-Sein eines Ich. PESTALOZZI macht ernst damit, daß der Mensch in einer Erschlossenheit von Anfang an steht, wenngleich er diesen Begriff nicht gebraucht. Diese Erschlossenheit beginnt bei den Anschauungen und ihrem Einordnen in einen Zusammenhang und führt bis hin zum Begriff.

Wir müssen jedoch abschließend feststellen: In idealistischer Denkungsart ist der Widerstreit zwischen der Pädagogik des Herzens und der Pädagogik des Verstandes nicht eigentlich gelöst, sondern im Zweifelsfalle wird auf das Ich abgestellt: „Alle diese Gesetze, denen die Entwicklung der Menschennatur unterworfen ist, wirbeln in ihrer Ausdehnung um einen Mittelpunkt, sie wirbeln sich um den Mittelpunkt des ganzen Seins, und dieser sind wir selber."[35] Und doch ist dieses Ich nicht Endziel und auch nicht eigene Leistung, so daß BALLAUFF feststellen kann: „Der ‚Prozess', der zur Menschlichkeit führt, ist nicht bloß ein Entwicklungsgang, in welchem Anlagen entwickelt, ‚Potenzen' aktualisiert würden, sondern ein Bildungsgang, in welchem der Mensch sich heranbildet, wie er darin sich gerade herangebildet sieht: Er hat sich einsetzen zu lassen in eine Berufung – in seine ‚Individualbestimmung' – und seine Begabung – in seine ‚Individuallage' [...]. Des Menschen Bildung ist nicht so sehr seine einfache ‚Leistung' als vielmehr Ereignis und Übernahme. Und auch diese besagt nicht ‚Leistung', sondern ein Sichüberlassen dem Anspruch, ein Aushalten in der gewährten Entsprechung oder ein Schwachwerden im Sichüberlassen an das verführerische, nötigende, versichernde Seiende."[36] PESTALOZZI entwirft eine Konzeption, die sich an der Welt zu orientieren versucht. Wenngleich er diese vom Ich her aufbaut, entgeht er doch einem Denken in Metasystemen, weil er den Zusammenhang zum sinnlichen Anschauungsgrund allen menschlichen Lebens immer wieder aufzeigt und auch herstellt. Und

34 J. H. Pestalozzi, Wie Gertrud ihre Kinder lehrt. S. 57f.
35 Ebenda, S. 38.
36 Th. Ballauff, Vernünftiger Wille und gläubige Liebe. S. 157.

doch zeigt sich auch gerade bei PESTALOZZI, daß eine solche Konzeption in keiner Weise unsozial ist. Das, was man die gesellschaftlichen Belange nennt, ergibt sich aus den natürlichen Beziehungen. In „Lienhart und Gertrud“ zeigt PESTALOZZI, daß die Beziehung zur Gesellschaft nicht das vorrangige Problem der Erziehung ist, sondern daß das In-Anspruch-genommen-Werden von Mitmenschen und Dingen wesentlicher ist und vorausläuft, und das ist ihm das „Wohlwollen“.

2.4

Johann Friedrich Herbart

Der Begriff „Wohlwollen“ spielt schließlich noch in der Pädagogik HERBARTS eine Rolle. Das „Wohlwollen“ ist bei ihm eine der fünf großen Grundideen, die, in der richtigen Reihenfolge genannt, lauten:
1. die Idee der inneren Freiheit
2. die Idee der Vollkommenheit
3. die Idee des Wohlwollens
4. die Idee des Rechts
5. die Idee der Billigkeit.[37]

Diese Reihenfolge der Grundideen stellt eine Rangordnung dar, so daß wir in der „Idee der inneren Freiheit“ eigentlich die umfassendste haben und die anderen vier Ideen nur noch die Ausfaltungen dieser Idee der Freiheit darstellen. Auch bei HERBART steht der Wille höher als das „Wohlwollen“, denn die „Idee der inneren Freiheit“ besteht aus Einsicht und Wille.[38] Aber der Wille ist keineswegs eine formale Größe wie bei KANT. Alle Interpreten sind sich einig, HERBART sei der Meinung, „daß der Mensch, zumal der junge Mensch [...] konkreter sittlicher Grundwerte“ bedarf, „nach denen er sein Tun und Lassen ausrichten kann und soll“.[39] HERBART gibt mit den fünf Grundideen auch die Grundwerte an, die die Basis jeder Pädagogik zu bilden haben. Sieht man HERBART nur von seinem assoziationspsychologischen Ansatz her, kann er leicht

37 Vgl. J. F. Herbart, Umriß pädagogischer Vorlesungen 1835. §§ 8–13, S. 7f; Th. Ballauff/K. Schaller, Pädagogik, Bd. III. S. 75fff.

38 Vgl. J. F. Herbart, Umriß pädagogischer Vorlesungen 1835. § 8. S. 7.

39 W. Asmus, Der lebendige Herbart. In: Tendenzen internationaler Herbart-Rezeption. R. Lassahn (Hrsg.). S. 21. Vgl. auch E. E. Geißler, Herbarts Lehre vom erzieherischen Unterricht. S. 21.

mißverstanden werden. Er erscheint dann als ein sehr formalistischer Pädagoge. Zwar schließt sich HERBART im Grunde genommen der Linie des kategorischen Imperativs KANTs an, aber er ist viel zu sehr Realist, als daß er nicht wüßte, daß alle Erziehung auch *konkreter* Inhalte bedarf, daß es keine Welt gibt, es sei denn eine Scheinwelt, die ohne Werte auskommen kann.[40] Daß dabei das „Wohlwollen" schon die dritte Stelle einnimmt, ist bedeutsam. Bei HERBARTs fünf Grundideen handelt es sich nicht mehr wie bei ROUSSEAU und auch bei KANT um Stufen der Erziehung überhaupt, sondern HERBART verwendet das „Wohlwollen" im wesentlichen als eine didaktisch-methodische Kategorie. Zunächst einmal beschränkt er ihre Anwendung auf die Zeit vom 4. bis zum 8. Lebensjahr. In dieser Zeit, so meint er, muß der Gedanke an das „Wohlwollen" im Zusammenhang mit der „Vollkommenheit" besonders gepflegt werden. Es kommt vor allem darauf an, daß im Kind der Glaube an das „Wohlwollen" gefördert wird. Dazu ist es notwendig, daß alle Äußerungen des Übelwollens, die ja kein Zeichen von Vollkommenheit sind, zurückgestellt werden. Solche Äußerungen können nur außerhalb der Regel getan werden, z. B., wenn das Kind mit zuviel Wohlwollen überschüttet worden ist. Aber HERBART rät eindringlich, daß man Äußerungen des Übelwollens bei Kindern sehr ernst nimmt, denn sie sind bestimmt „als schlimme Zeichen" zu werten.[41] HERBART empfiehlt daher, daß man die Kinder gerade in dieser Zeit in „gesellige Lebensgewohnheiten" einführt. Aber „der Geist der Geselligkeit, welcher das Übelwollen fernhält, ist nun noch lange kein wirkliches Wohlwollen [...]. Die Idee der Vollkommenheit in ihrer Allgemeinheit steht zwar dem Kinde ebenso fern, als die des Wohlwollens [... – jedoch ist das kein Grund,] die doppelte Aufgabe, teils die Idee des Wohlwollens hoch genug hervorzuheben, teils wirklich wohlwollende Gesinnungen zu erwecken [was sich im Kindesalter noch nicht lösen läßt]. Aber man hat viel gewonnen, wenn teilnehmendes Gefühl, unterstützt vom geselligen Frohsinn, sich mit dem Glauben an das Wohlwollen derer, von welchen das Kind als vom höheren Wesen abhängt, verbinden. Alsdann hat die religiöse Bildung ihren Boden und fördert weiter".[42]

Wenn also auch der Begriff des „Wohlwollens" bei HERBART in seinem zeitlichen Umfang – nicht in seiner grundsätzlichen Bedeutung – zusammengeschrumpft ist und stärker zu einer didaktisch-methodischen Kategorie wird, so bleibt doch festzustellen: „Wohlwollen" als eine bedeutende Kategorie des Gefühls wird als notwendig für die Erziehung

---

40 Vgl. W. Asmus, Der lebendige Herbart, a.a.O., S. 21.

41 J. F. Herbart, Umriß pädagogischer Vorlesungen 1835. § 208, S. 90f.

42 Ebenda, §§ 211–213, S. 91.

in dieser Altersphase angesehen, weil dadurch überhaupt eine personale Dimension zur Welt eröffnet wird. Derjenige, der „Wohlwollen", Güte und Strenge empfängt und empfindet, wird selbst ein „wohlwollender" Mensch werden. „Wohlwollen" ist also zunächst einmal im psychologischen Bereich zu suchen und auch zu verankern, gleichzeitig strahlt es aber in den ethischen Bereich aus, denn es reicht hinein bis in die Stimmungen und in die Zucht. „Überall muß das Wohlwollen als das höhere verehrt, das Recht aber als die niedere Stufe dargestellt werden, die man nicht ungestraft überspringen kann, es wäre denn infolge gemeinsamer Zustimmung, also infolge der Bewilligung von Seiten der Berechtigten."[43]

Diese wichtige Bemerkung HERBARTS, die er im Kapitel über „Zucht" macht, zielt allerdings tiefer. Sie zeigt, daß zur Regelung der menschlichen Beziehungen und insbesondere aller erzieherischen Beziehungen nicht ein Regelsystem stehen darf, wie es das Recht darstellt, sondern daß das „Wohlwollen" einen höheren Anspruch hat, wenngleich sich dieses nicht systematisieren läßt. Man kann es nur situativ leben, oder man kann es überhaupt nicht leben. Damit wird aber nicht mehr und nicht weniger festgestellt, als daß Erziehung immer und überall nicht von der konkreten Situation getrennt werden kann, denn „Wohlwollen" steht höher als jedes definierte Erziehungsziel. Oder besser ausgedrückt: In jedem Akt wie auch in jedem Ziel der Erziehung muß „Wohlwollen" enthalten sein.

Trotz dieser Einschränkung des Begriffs „Wohlwollen" auf die didaktische Dimension und die damit einhergehende Akzentverschiebung geht andererseits HERBART über alle genannten Vorgänger hinaus, er stellt die ganze Theorie, von ROUSSEAU angefangen, auf den Kopf, wenn er sagt, daß das „Wohlwollen" die höhere, das Recht aber die niedere Stufe darstelle. Schon bei der Reihenfolge der Grundideen war in der Tat aufgefallen, daß das Recht nach dem „Wohlwollen" erst auf dem vierten Platz rangierte. Hier handelt es sich aber nur um eine scheinbare Fehleinordnung. Denn dort, wo nun die Grundidee des Rechts praktiziert wird, ist noch lange kein „Wohlwollen", so wie Nicht-Krieg noch nicht Friede ist. Wer also die Erziehung nur zu einem Rechtsverhältnis macht, ist damit noch kein wahrhafter Erzieher, weil Erziehung eben mehr erfordert: ein personales Verhältnis und Verständnis, das man durch rechtliche Regelungen gar nicht in den Griff bekommt. Und trotzdem ist die Ebene des Rechts nicht unwichtig, denn „die Idee des Rechts fordert, daß der Zögling es aufgebe, zu streiten. Sie fordert überdies die Reflexion

43 Ebenda, § 186, S. 84.

über den Streit, damit die Achtung für das Recht sich befestige".[44] Auch hier sehen wir wieder, daß das didaktische Denken bei HERBART überhaupt, wie auch bei den Grundideen im besonderen, den Vorrang hat. Freilich spielen hier Gedankengänge eine Rolle, die ähnlich wie bei KANT Unterschiede im Sittlichen verdeutlichen. Vielleicht ist es erlaubt, die Ebene des Rechts in der Erziehung, also die Abwesenheit von Streit, mit dem legalen Verhalten bei KANT zu vergleichen. Wer sittlich handeln will, muß dagegen auf der Ebene des „Wohlwollens" stehen. Deshalb schreibt HERBART: „Lebhafte und zugleich wohlwollende Zöglinge findet man oft; vom Standpunkt der Ideen der Vollkommenheit und des Wohlwollens betrachtet, machen sie alsdann, zunächst wenigstens, keine Sorge. Bei fester Regierung bringt man sie auch leicht dahin, die Regel: quid tibi non vis fiere, alteri ne feceris, sich einzuprägen; hiermit findet sich leicht das nötige Nachgeben im Streite, und um so mehr die Behutsamkeit, nicht Streit zu erheben. So machen sie auch in Ansehung der *Billigkeit* und des *Rechts* keine Sorge. Im Laufe der Jahre kommt die Besonnenheit hinzu, welche die Grundlage der richtigen *Selbstherrschaft* abgibt, sie nähern sich der *inneren Freiheit*. Hiermit ist beieinander, was den einfachen praktischen Ideen gemäß zur Sittlichkeit gehört. Aber nicht immer, nicht bei allen ist und bleibt es so beieinander. Neben jenen löblichen Zügen bemerkt man oft andere entgegengesetzte, es zeigt sich, daß diese nicht ausgeschlossen waren und daß jene den Charakter nicht bestimmten."[45]

Das heißt: Die Idee des Rechts für sich genommen schafft noch keine pädagogische Grundlage, denn sie hilft nicht, das eigene Ich zu transzendieren. Im „Wohlwollen" dagegen werden alle Rechtspositionen ganz und gar transzendiert. Je weiter wir auf der Skala der Grundideen nach oben kommen, um so mehr Transzendenz ist erforderlich, wie bei den Ideen der Vollkommenheit und der inneren Freiheit. Kraft der inneren Freiheit vermag der Mensch alles, auch über seinen eigenen inneren Schatten zu springen und anders zu handeln, als er eigentlich selber möchte. Insofern überwindet das Wollen das Mögen und Können, wenngleich bei diesem Ansatz die Welt immer mehr als eine Leistung des Ich erscheint und nicht als selbständige Größe.

Es bleibt die Frage offen, ob der HERBARTsche Ansatz ein metasystematischer Ansatz in dem hier schon wiederholt vertretenen Sinne ist. Wir glauben, daß er der Gefahr nicht erlegen ist. Obgleich die fünf Grundideen natürlich im Prinzip Willensverhältnisse darstellen, entgeht HERBART doch dem KANTschen Formalismus und damit dem metasyste-

44 Ebenda, § 12, S. 8.
45 Ebenda, § 148, S. 69.

matischen Denken, indem er sieht, daß es ohne den Wert nicht geht, und er eben deshalb auf Grundwerte zurückkommt.

In einem höheren und übertragenen Sinne ist allerdings auch bei Herbart ein Metasystem zu finden: das Denken in den mechanischen Kategorien der Assoziationspsychologie. Die Vorstellungsmassen, um die es in dieser Pädagogik geht, sind vom Willen abhängig. „Verschiedenes Wollen erzeugt sich in verschiedenen Vorstellungsmassen, daher die Mühe, das mannigfaltige Wollen zur Einstimmung zu bringen."[46] Da insofern letztlich der Wille ein mechanisches Geschehen auslöst, kann man schon von einem Metasystem sprechen, das, wenn man es von allen materialen Inhalten entblößt, eine gefährliche Selbständigkeit erlangen kann. Scheler bringt folgende Kritik an: „Nach der Beurteilungstheorie, wie sie zuerst Herbart entwickelt hat, bleibt es auch völlig uneinsichtig, wie denn jene Beurteilungen, die nach seinen ‚Ideen wohlgefälliger Willensverhältnisse' vollzogen werden, auch nun mögliche praktische Bestimmungsgründe für das Wollen werden können. Denn sind alle Willensvorgänge streng kausal determiniert, und gehört es, wie es zweifellos der Fall ist, zum Wesen einer einfachen ‚Beurteilung', erst nach dem schon gegebenen Willensakt einzutreten – ‚nach' hier nicht im Sinne zeitlicher Sukzession genommen, sondern im Sinne der zeitlichen Ursprungsordnung der Akte –, so müßte es auch möglich sein, alle Beurteilungsakte, durch die das Psychische ja erst Wert erhalten soll, einfach wegzustreichen, ohne daß sich im faktischen Verlauf der Willensakte hierdurch auch nur das mindeste änderte."[47]

Herbart ist also nicht frei von jener Willensideologie, die die Unmittelbarkeit des pädagogischen Aktes in der Theorie des Wohlwollens erhalten wissen will, aber sie wird kaschiert durch die materiale Füllung seines Konzepts, wie sie sich nicht zuletzt auch durch die Aufnahme der Idee des Wohlwollens erweist.

---

46 Ebenda, § 143, S. 67.

47 M. Scheler, Der Formalismus in der Ethik und die materiale Wertethik. S. 209.

3

„Wohlwollen“ als eine „regulative Idee“ der Pädagogik des 18. und 19. Jahrhunderts im Vergleich zum modernen Sozialisationsbegriff

Wir können zweifellos das, was wir bisher erarbeitet haben: das Phänomen des „Wohlwollens“ in der Pädagogik des 18. und 19. Jahrhunderts, auch mit DERBOLAV als eine „regulative Idee“ ausdrücken. Unter diesem von KANT übernommenen Begriff versteht DERBOLAV ein Gut, das unmittelbar einem Übel steuern soll. Die „regulative Idee“ ist also ganz und gar auf die Praxis aus.[48] Dabei identifizieren wir uns hier nicht mit DERBOLAVS praxeologischem Ansatz, der in den Mittelpunkt der Teilpraktiken bekanntlich die Politik stellt, sondern wir sind von ursprünglicheren Beziehungen, nämlich vom In-der-Welt-Sein des Menschen, ausgegangen. Trotzdem kann die Frage legitim sein, welchem Übel denn durch die „regulative Idee“ „Wohlwollen“ gesteuert werden soll. Pauschal können wir sagen, daß offensichtlich dem Übel der Weltvergessenheit abgeholfen werden soll. Wir können jedoch auch eine detaillierte Antwort als Zusammenfassung unserer bisherigen Gedankengänge geben. „Wohlwollen“ drückt sich demnach aus:

1. in einer *unreflektierten Unmittelbarkeit* des In-der-Welt-Seins.
   Als solche kann diese im Grunde nicht weiter definiert werden, wohl aber können Kriterien dafür genannt werden, wie diese unreflektierte Unmittelbarkeit sich ausdrückt. Diese Kriterien sind in allen unreflektierten Äußerungen der Existenz, wie im Hunger, Durst, Schlaf usw., in Lust- und Leidgefühlen, in allen Gestimmtheiten von der Angst bis zur Freude, überhaupt in allem, was von der Geburt bis zum Tod dem Menschen situativ und nicht geplant begegnen kann, zu sehen. Wir vermeiden dabei den Begriff der Emotionalität und setzen an seine Stelle den viel umfassenderen der Existentialität. Wir lassen es aber nicht zu, nach tierischen und menschlichen Äußerungen zu differenzieren, denn wir sind im Gegensatz zu den aufgezeigten Gedankengängen

48 Vgl. J. Derbolav, Pädagogik und Politik. S. 98 und S. 148, Anmerkung 13.

bei den Pädagogen des 18. und 19. Jahrhunderts der Meinung, daß es sich immer um eine menschliche Existenz handelt, die da in der Welt ist. Tierische Existenz kann niemals in der Welt sein, weil sie nicht in der Erschlossenheit steht. Aber unreflektierte Unmittelbarkeit besagt genau das, was wir beim Tier als fehlend vermerkt haben, nämlich daß die Welt dem Menschen immer schon voraus ist. Es gibt keine vormundane Existenz.

2. darin, daß da ein Ich *in der Welt ist,* das in diese Erschlossenheit von Raum und Zeit eintritt.
   Insofern ist es auch Person, nicht in dem Sinne, daß es etwas Unveränderliches wäre wie etwa ein Gegenstand. „Person ist [...] als Vollzieher intentionaler Akte gegeben, die durch die Einheit eines Sinnes verbunden sind. Psychisches Sein hat also mit Personsein nichts zu tun. Akte werden vollzogen, Person ist Aktvollzieher".[49]
3. in der *Verborgenheit* des Seins des Seienden.
   Zwischen der unreflektierten Unmittelbarkeit und den intentionalen Akten der Person bleibt eine Differenz bestehen, die man auch als Seinsverborgenheit bezeichnen kann. Was das Sein ist, bleibt uns letztlich verborgen. Es ist ein Geheimnis. Darauf hat Erziehung ebenso hinzulenken, und wenn sie nur als Antwort Schweigen lehren muß, aber sie muß sich diese Frage stellen und darf sie nicht einfach übergehen.
4. in der Tatsache des *In-Anspruch-genommen-Seins.*
   Je mehr sich ein Mensch von der Welt (Mitmenschen und Sachen) in Anspruch nehmen läßt, um so mehr wird er Mensch, erfüllt er sein Menschsein. Darin wird deutlich, daß Menschsein nicht nur Gabe, sondern vor allem auch Aufgabe ist. Der Mensch, der als „Mängelwesen" (GEHLEN) oder auch als „physiologische Frühgeburt" (PORTMANN) zur Welt kommt und zuerst mit Hilfe, später auch mit zunehmender Selbständigkeit diese „Geburtsfehler" selbst ausgleichen muß, um seine Aufgabe zu erfüllen, muß sich in Anspruch nehmen lassen. Das heißt, daß er sich mit der Welt einlassen muß, um seine Aufgabe überhaupt zu verstehen. Aber was ist diese Aufgabe? Sie ist nicht nur das In-Anspruch-genommen-Sein auf die eigentlich psychosomatische Aufgabe hin, d. h. auf das Ausgleichen der „Geburtsfehler", sondern auch auf ein individuelles In-Anspruch-genommen-Sein. Es kommt ganz wesentlich darauf an, daß der Mensch seine individuelle, d. h. personale Aufgabe in dieser Welt findet.
5. Daher sind *Sinn* und *Sorge* die eigentlichen Existentialien, die ihm durch seine Erschlossenheit aufgetragen sind.

---

49 M. Heidegger, Sein und Zeit. S. 48.

Ihnen kann er nur gerecht werden, wenn er sich nicht in die Alltäglichkeit des Man verliert, sondern sein Leben als nur ihm gegeben verwirklicht. Dabei ist es gerade seine Aufgabe, daß er alle vorgegebenen Zwänge abweist – außer dem Anspruch der Welt (Mitmenschen und Dingen); denn es ist jeweils sein Leben, das er zu leben hat. Dazu gehört vor allem, daß die gesellschaftlichen Zwänge abgewiesen werden, führen sie ihn doch von seiner Eigentlichkeit weg. Sie gehören zumindest nicht zu dem, was ihm am nächsten ist.

6. im Prinzip der *Nähe*.
Sinn kann immer nur etwas ergeben, was mir nahe ist. Der Mensch kann auch nur etwas besorgen, was ihm nahe ist. Dabei müssen Innen und Außen nicht unbedingt miteinandergehen. Etwas, was mir vor allem innerlich nahe ist, ist immer in meiner Nähe und hat also für das Dasein Aufforderungscharakter und damit auch für mein Gewissen. Aber zunächst wird alle Erziehung immer von dem, was dem Menschen tatsächlich sinnlich nahe ist, ausgehen und dann immer weiter fortschreiten und so zur Wahrheit der Welt vorstoßen, denn nur so kann der Mensch immer mehr zum Sein des Daseins gelangen. Alles andere wäre Entfremdung des Menschen und eine Auslieferung an die Metasysteme, denen wir uns zwar zu stellen haben, aber erst in einer späteren Phase.

Daraus ergibt sich mit Notwendigkeit, daß alle Theorien über Sozialisation in ihre Schranken verwiesen werden müssen, aus folgenden Gründen:

1. Sie beruhen auf Willensverhältnissen, die immer aus dem Ich-Vermögen hervorgehen. Darin ist eingeschlossen: Es muß ein Ich da sein, das immer schon dem Dasein und der Welt voraus ist. Dagegen meinen wir, daß der Mensch, wenn er „ich“ sagt, nicht eigentlich ein Vermögen oder eine Kraft meint, sondern das Dasein. Wenn das Ich immer nur auf ein Selbst bezogen wäre und nicht auf das Dasein, müßte es sozusagen auch in einer Selbstisolation verharren, aus der es kein Entrinnen mehr gäbe. Der Wille, der aus einer solchen Selbstbezogenheit entstände, könnte gar nicht anders, als die Welt unter *seinen* Aspekten zu betrachten. So entstände nicht nur Verfallenheit an die Alltäglichkeit des Man, sondern der, der nicht in seiner Eigentlichkeit lebte, entwürfe die Welt auch immer aus dieser Alltäglichkeit, d. h. als Wunschwelt. Das ist gerade das Elend der aus dieser Philosophie hervorgehenden Pädagogik, daß die Wunschwelt immer nicht nur als Ursache, sondern auch als Zweck und Mittel aller Pädagogik angesehen wird. In unserer Konzeption ist es gerade umgekehrt: Die Welt ist

Ursache des Ich, und es wird im Grunde genommen auch von der Welt hervorgebracht. Insofern ist die Welt immer schon vor dem Ich. Durch die ganze Philosophie seit KANT geht dagegen die These, daß das Ich immer sich selber und auch Raum und Zeit setzt. Es gibt nur Seiendes, insofern es Willen ist, und nur was Willen ist, kann Seiendes sein. Das führte im 19. Jahrhundert so weit, daß SCHOPENHAUER ein Werk mit dem Titel „Die Welt als Wille und Vorstellung", NIETZSCHE sein Buch „Der Wille zur Macht" und VAIHINGER „Die Philosophie des Als-ob" geschrieben haben.

2. Die Sozialisationstheorien richten sich nicht auf die Welt als solche, sondern sind auf die Gesellschaft bezogen und meinen daher nicht eigentlich das Individuum in seiner Existenz. Was die verschiedenen Sozialisationsbegriffe betrifft, so gibt es, wie KAMPE aufzeigt, im wesentlichen drei Unterscheidungen:
   a) „Sozialisation ist ein umfassender Begriff für den ganzen Prozeß, in dem ein Individuum durch Umgang mit anderen seine spezifischen Ausprägungen eines sozialrelevanten Verhaltens entwickelt."[50]
   Dieser Sozialisationsbegriff hat den Nachteil, daß er das Individuum zwar aktiv an dem Prozeß der Kommunikation teilnehmen läßt, aber eben nur die Beziehungen zu „den anderen" sieht, nicht aber auf Inanspruchnahme, Sorge und Verantwortung abhebt.
   b) „Für die Sozialisationstheorie sind drei wesentlich mit Identifizierungsvorgängen verbundene Aspekte der ödipalen Entwicklung des Kindes von besonderer Bedeutung: Die Entstehung einer vor allem unbewußt wirkenden Gewissensinstanz (Über-Ich) innerhalb des Ich, die erste Konturierung der geschlechtlichen Identität (der seelischen Geschlechtsrolle) und die Entwicklung einer ausgesprochenen Lernbereitschaft."[51]
   In dieser Definition, die ganz deutlich psychoanalytische Züge trägt, wird zwar die Tatsache, daß der Mensch ein Wesen des Gewissens ist, gesehen. Doch ist diese Gewissensbildung nicht durch sein In-der-Welt-Sein begründet, sondern durch einen starren Über-Ich-Mechanismus, der unbewußt wirkt. Hier wird also die Aktivität, die in der ersten Definition noch zu finden war, ganz zurückgenommen. „Gewissen haben" ist eine psychologische bzw. psychoanalytische, aber nicht eine anthropologische Frage.

---

50 I. Child/F. Zigler, Socialisation. In: Handbook of Social Psychology. Bd. III. G. Lindsey/E. Aronson (Hrsg.). Zitiert nach D. Kamper (Hrsg.), Sozialisationstheorie. S. 16.

51 P. Fürstenau, Soziologie der Kindheit. S. 26.

c) „Mit Sozialisation werden alle die Prozesse bezeichnet, durch die der menschliche Organismus in der Vielfältigkeit soziokultureller Lernprozesse seine Ungerichtetheit abstreift und seine Identität als handlungsfähige Person in einem System sozialer Rollen gewinnt.“[52]
Hier wird schlechthin behauptet, daß der menschliche Organismus im unsozialisierten Zustand einer Gerichtetheit entbehre; die Gesellschaft müsse ihn richten, damit er handlungsfähig werde und zu sich selber fände. Aber wir wissen doch, daß menschliches Dasein sich nur in der Verwirklichung seiner Existenz und damit in der Überwindung der Alltäglichkeit vollenden kann. Durch die Zuweisung einer Rolle wird hier gerade die Einmaligkeit des Wesens Mensch geleugnet. Rollenträger sind immer austauschbar, denn die Rolle ist übertrag-, wiederhol- und auswechselbar. Der Mensch wird also in der Alltäglichkeit des Man belassen.

Wir sind uns bewußt, daß mit diesen drei Definitionen noch nicht alle Theorieansätze zu Wort gekommen sind. Doch ist es hier nicht nötig, alle Aspekte der Sozialisationsforschung im einzelnen auszuleuchten. Fend schreibt: „Unbeachtet von vielen Erziehungstheoretikern sind in der Psychologie und Soziologie Theorien entwickelt worden, die das Werden des Menschen unter dem Einfluß der soziokulturellen Umwelt zu erklären versuchen.“[53] Nun, die Zurückhaltung der Erziehungstheoretiker beruht sicherlich auf berechtigten Vorbehalten. Kamper führt dazu an: „Die Theorie-Ansätze der Sozialisationsforschung beruhen auf methodologischen Untersuchungen, die weniger durch den angenommenen Gegenstand als durch die ihrerseits von Sozialisation abhängige, nicht jederzeit verfügbare Erkenntnismöglichkeit der Sozialisationsforscher bedingt sind. Diese in Perspektiven und methodischen Ansätzen sich niederschlagende bedingte Erkenntnismöglichkeit kann, grobformuliert, danach unterschieden werden, ob sie das menschliche Individuum als ‚natürliches Prinzip‘ oder als ‚gesellschaftliches Resultat‘ voraussetzt.“[54]
Damit spricht Kamper selbst die Probleme an, wie sie von uns hier schon wiederholt angesprochen und überhaupt zur Thematik unserer Erörterungen gemacht worden sind. Danach könnten wir eigentlich aus unserer weiteren Betrachtung alle Sozialisationstheorien ausschalten, die von der Gesellschaft ausgehen, und nur die heranziehen, die auf ein „natürliches Prinzip“ zurückgehen. Doch diese Vorauswahl wollen wir lieber nicht

---

52 W. Gottschalch u. a., Sozialisationsforschung. S. 45.
53 H. Fend, Sozialisierung und Erziehung, S. 9.
54 D. Kamper (Hrsg.), Sozialisationstheorie. S. 16.

vornehmen, zumal KAMPER es unterläßt zu definieren, was ein „natürliches Prinzip“ ist bzw. was er darunter versteht. Aus dem Kontext kann man entnehmen, daß mit dem „natürlichen Prinzip“ eben nicht das „Wohlwollen“ gemeint ist.

Eine der bedeutendsten Theorien, die auch eine Sozialisationstheorie darstellt, ist fraglos die Psychoanalyse. Sie geht vom libidinösen Ich aus, und für dieses sind die Kindheitserfahrungen in Fragen der Libido von schicksalhafter Bedeutung. Dabei wird die Mutter in ganz besonderer Weise bedeutend, denn so wie sie selbst die Libido verarbeitet hat, wird sie auch dem Kind zum „Vorbild“, oder besser noch: zum Identifikationsschema. Vom Letztgenannten gehen – im Unterschied zum Vorbild – Zwänge aus, die bis hin zum Ödipuskomplex reichen. Es gibt nur drei Möglichkeiten, wie der Zwang, der von der Libido ausgeht, zu lösen ist. Die Mutter kann ihren Einfluß dahingehend geltend machen, daß die Libido in normale Bahnen gelenkt und ausgelebt oder daß sie verdrängt oder schließlich daß sie sublimiert wird. Für FREUD, aber nicht für alle seine Jünger und Nachfolger, ist die Sublimation das „Normale“. Ein Teil seiner Epigonen setzt sich auch für das Ausleben der Libido ein: Die Verdrängung führe unweigerlich in die Neurose.
Können wir nun davon ausgehen, daß es sich hier im Prinzip um eine Frage des „Wohlwollens“ handelt, die die Mutter dem Säugling entgegenbringt? Ist wohl das richtige Maß des „Wohlwollens“ entscheidend dafür, ob die Libido in gesunde oder in kranke Bahnen gelenkt wird? Auch beim Lenken der Libido in gesunde Bahnen kann es sich aber in gar keiner Weise um „Wohlwollen“, wie wir es verstanden haben, handeln. Zwar haben wir festgehalten, daß „Wohlwollen“ eine „unreflektierte Unmittelbarkeit“ darstellt, aber hier kann man insofern nicht davon sprechen, als Kausalität herrscht. „Wohlwollen“ ist aber niemals auf Kausalität zu gründen. Die Erfahrungen werden monokausal auf die Libido zurückgeführt. Das ist nur ein Teil von Welt, vielleicht ein nicht unbedeutender, aber eben nicht das Ganze, das wir unter den Anspruch des In-der-Welt-Seins sehen müssen. Zweifellos handelt es sich auch im positivsten Fall nicht um eine vorlaufende Erschlossenheit, sondern immer um eine Art von Dressat eines Ich, wenngleich es nicht bestritten werden soll, daß die Mutter aus dem Unbewußten handelt. Aber ist das Unbewußte mit „unreflektierter Unmittelbarkeit“ gleichzusetzen? Wir sind davon ausgegangen, daß auch die „unreflektierte Unmittelbarkeit“ im Rahmen der Erschlossenheit des In-der-Welt-Seins steht, während das „Unbewußte“ nach FREUD gar nicht die Schwelle des Bewußtseins überschritten hat, sondern weit unterhalb, eben im „Unbewußten“ liegt. Dieses „Unbewußte“ kann zwar vom Therapeuten in die Stufe des

Bewußtseins gehoben werden und kann dann auch vielleicht in die Erschlossenheit geraten. Die „unreflektierte Unmittelbarkeit" dagegen steht immer schon in der Erschlossenheit des Daseins, aus der sie nie herausfallen kann. Das ist ein entscheidender Unterschied. Ich werde nie aus dem Unbewußten heraus essen, trinken oder schreiben können, wohl aber in einer „unreflektierten Unmittelbarkeit" diese Handlungen vollziehen können.

Diese Gedanken sind auch wichtig, wenn wir das FREUDsche Gewissen betrachten, daß er im sogenannten Über-Ich vorstellt. Auch dieses Über-Ich ist ein neurotisches Dressat, das nicht nur die Welt nicht erschließt, sondern sie geradezu vermauert. Denn in dieses Über-Ich bin ich ja gar nicht eingegangen. Es ist nicht die Stimme meines Gewissens, sondern die Stimme derer, die mich erzogen haben. Das Unbewußte wie auch das Über-Ich haben aber beide noch eine andere Quelle, aus der sie gespeist werden. Beide haben es mit Reflexbewegungen zu tun; d.h. die ersten Reaktionen, die das Kind außerhalb des Mutterleibes zeigt, sind im Grunde noch gar keine menschlichen Ereignisse, sondern physiologisch zu verstehen. FEND bringt dazu folgendes Beispiel: „Ein Kind verspürt z.B. Hunger. Dies löst die Reflexbewegung des Schreiens aus. Die Mutter kann nun sofort herbeieilen und dem Kind Nahrung geben, oder – im anderen Extrem – sie kann es ausschreien lassen. Wird das Kind immer sofort gefüttert, so habe das ganz andere psychische Wirkungen, als wenn man es immer ausschreien läßt. Diese Wirkungen seien selbst beim Erwachsenen noch feststellbar."[55]

Was hier deutlich wird, ist die Leugnung der Tatsache, daß menschliches Leben immer als ein Ganzes gesehen werden muß und nicht wie in der FREUDschen Theorie in Schichten aufgegliedert werden kann. Man kann auch die Welt nicht in verschiedene Bereiche aufteilen. Das Unbewußte wie auch das Über-Ich sind also Relikte aus einer vormenschlichen Welt. Zugleich werden durch ihr Postulat die Freiheit des Menschen und dadurch seine Menschlichkeit selbst eingeschränkt. Der Mensch ist demnach gar kein Wesen, das in der Welt ist, sondern ein Wesen, das mit seinen Wurzeln, deren Wachstum nicht einmal zielgerichtet beeinflußt werden kann und die auch durch spätere Erziehung und Selbsterziehung nicht geändert werden können, in einen Bereich hineinreicht, der nicht menschlich oder zumindest nur vormenschlich ist.

„Welt" ist also hier zusammengeschrumpft auf die Beziehung zwischen Mutter und Kind, wobei man nahezu immer davon ausgehen kann, daß die Mutter ihre eigenen neurotischen Zwänge – denn wer möchte von sich behaupten, daß er keine habe – auf das Kind überträgt. Damit wird

---

55 H. Fend, a.a.O., S. 21.

das Kind zu einer Art Mikrokosmos, um den sich alles dreht. Einen Makrokosmos als Gegenpol gibt es aber nicht. Die Ich-Du-Beziehung bleibt somit immer ambivalent, weil das Ich überhaupt keine Transzendenzen kennt und diese auch nicht entwickeln kann. Denn es steht immer in Mechanismen, die Zwänge auf es ausüben und von denen es sich nicht oder nur mit großer Mühe befreien kann. Existenzphilosophisch ausgedrückt, ist es die Neigung des Menschen, im Man zu verbleiben, womit er nie in seine Eigentlichkeit kommen kann. Als Sinn seines Lebens wird ihm von der Psychoanalyse die Auseinandersetzung mit der Libido vorgegeben und dies auch noch in einer eingeschränkten Weise insofern, als die Grundrichtung seiner Auseinandersetzung durch die Mutter mehr oder weniger vorgeprägt ist.

In ein ähnliches Regelsystem wie die Psychoanalyse steckt auch die Kulturanthropologie den Menschen. Hier handelt es sich – folgen wir der Unterscheidung MERSMANNS – um „gesellschaftliche Bedingungen", die dem Menschen vorgegeben sind. Bei der Kulturanthropologie vor allem zu beanstanden ist die Tatsache, daß Kultur mit Welt gleichgesetzt wird, was doch keineswegs zulässig ist. Dabei müssen wir zuerst klären, was wir unter Kultur eigentlich verstehen. Wenn wir schon von „gesellschaftlichen Bedingungen" gesprochen haben, so mag das ein Hinweis darauf sein, daß wir unter Kultur den amerikanischen Begriff, der culture pattern (MARGARET MEAD) meint, d.h. eine Struktur von Verhaltensmustern, Institutionen, Normen, Riten und Ritualen usw. verstehen.[56] Wenn MEAD berichtet, wie unterschiedlich bei verschiedenen Südseevölkern die geschlechtsspezifische Rollenverteilung ist und wie unterschiedlich bei uns so scheinbar festgefügte Institutionen wie Ehe und Familie sind und wie eine harte Erziehung einer sehr fürsorglichen, ja gerade liebevollen Erziehung gegenübersteht und davon die Charaktere geformt werden sollen, so muß man MERSMANN beipflichten, wenn sie den Verdacht äußert, „daß wir anderes, was eigenen Erfahrungen eher entspricht, gar nicht wirklich wahrnehmen und damit ganze Bereiche, die ebenso wie die, die uns exotisch anmuten, auf ihre Funktion hin befragt werden müßten, ausschalten, weil sie uns zu selbstverständlich sind."[57]

So kommt es, daß wir, ähnlich wie im Behaviorismus, die Menschen nur noch in ihren Reaktionen auf ihre Kultur, auf bestimmte Signale sehen. Daher wird der Mensch ganz an ein Gesellschaftssystem ausgeliefert, ist

---

56 Vgl. B. Mersmann, Kulturbedingte Sozialisation. In: Sozialisationstheorie. D. Kamper (Hrsg.). S. 121.

57 Ebenda, S. 124.

immer nur Objekt in einem Prozeß, den er nicht selber steuern kann, weil er nie Subjekt wird. Die Welt als solche kommt hier nicht in den Blick. Es ist sicher ganz interessant zu erfahren, wie es sich auf Menschen, insbesondere auf Edukanden, auswirkt, ob sie in einer Groß- oder Kleinfamilie, in agrarischen oder industriellen Gesellschaften leben, und was das für sie bedeutet. Aber was uns grundlegender zu interessieren hätte, wäre, was diese Menschen von Welt verstehen, was für sie Welt ist und wie sie ihr Verhältnis zur Welt sehen. Über die Frage, wie das Ich zur Welt steht und wie es sich von der Welt in Anspruch nehmen läßt, darüber sagen die Untersuchungen von MEAD, BENEDICT, RIESMAN und anderen noch nicht viel aus. Wichtig wäre es sicher zu wissen, ob der einzelne auch einen Handlungsspielraum hat und wie weit er von der Norm abweichen kann, ohne davon lebensbedrohliche Folgen konstatieren zu müssen. So hilft nicht nur die Feststellung weiter, wie eine fremde Kultur ist, sondern man muß immer auch nach ihrer Genese fragen und danach, welche Freiheiten und Verpflichtungen der einzelne zu übernehmen hat, was er dabei denkt und fühlt und auch wie gesund und krank er ist. Nur das läßt größere Rückschlüsse auf das Verständnis von Welt zu.

Als nächster Ansatz zu einer Sozialisationstheorie soll der behavioristische genannt werden. Daß er nicht den Menschen und auch nicht die Welt im Blick hat, läßt sich schon daran erkennen, daß er vom Tierversuch ausgeht und die dort gewonnenen Ergebnisse auf den Menschen überträgt. Bezeichnenderweise nennt FEND in seinem Buch das entsprechende Kapitel „Die Ratte im Labyrinth – der Mensch in der Kultur“.[58] Ähnlich wie beim kulturanthropologischen Ansatz wird der Rahmen, in dem die Kultur steht, zu einer Art Gefängnis für den Menschen, aus dem er nicht mehr heraus kann. Die Kultur ist hier wie dort ein Hemmnis, um zur Welt zu kommen. Wieder stellt sich die berühmte Frage, die LANDMANN zum Gegenstand eines Buchs gemacht hat („Der Mensch als Schöpfer und Geschöpf“), ob die Kultur wirklich eine Möglichkeit ist, um von ihr aus den Menschen zu interpretieren. Wenn sie ein selbstgeschaffenes Gefängnis ist, dürfte der Versuch untauglich sein. Sind Mensch und Kultur heterogen oder homogen?
Die Behavioristen lesen also aus dem Verhalten der Ratte im Labyrinth, die den Ausweg zu dem Hebel sucht, um mit einer Futtergabe belohnt zu werden, auch das Verhältnis des Menschen im Rahmen eines Kultursystems ab. Dabei spielen Belohnung und Strafe, Konditionierung und Verstärkung, überhaupt der Begriff „Motivation“ eine entscheidende Rolle. Wir sind dagegen der Meinung, daß der Mensch wohl zu einem

58 H. Fend, a. a. O., S. 16

„schäbigen“ Verhalten gebracht werden kann, man kann ihm manches an- und abgewöhnen, aber er kann dadurch kein Mensch werden. Das ganze Problem der Motivation und des Verhaltens ist im Grunde genommen ein Scheinproblem. Nur der Homunkulus, also das Zerrbild vom Menschen, bedarf der Motivation, d. h. eines kulturellen Reizsystems, das ihn immer wie die Ratte in der Skinnerbox zum Handeln antreibt. Für den Menschen, der sein In-der-Welt-Sein verstanden hat, ist eben diese Welt, wenn er mit ihr in einer unreflektierten Unmittelbarkeit steht, Motiv genug.

Von ganz ähnlichen Grundlagen wie der Behaviorismus geht übrigens auch der Symbolische Interaktionismus aus. Auch bei ihm ist die Kultur, wenn auch in einer eingeschränkten Form, bedeutsam. Das Handeln des Menschen wird an einem Zeichensystem (Symbolen) mit Hilfe von Interaktionen gelernt. Die Menschen reagieren danach immer auf diese Symbole, wobei vorausgesetzt wird, daß sie immer ihren eigenen Vorteil bzw. Nutzen im Auge haben. Damit wird das behavioristische Bild von der Ratte im Labyrinth nur noch ausdrücklich bestätigt.

Auch die aus der Soziologie kommende Rollentheorie – gleichgültig, ob die strukturfunktionale (Hauptvertreter PARSONS) oder die strukturdisfunktionale Theorie (Hauptvertreter HABERMAS) – sieht das Menschsein nur in vorgeformten Denkkategorien und nicht in seiner Offenheit des In-der-Welt-Seins.

Alle diese Ansätze gehen nämlich davon aus, daß der Mensch ein Wesen der Reflexivität, daß eines seiner Hauptmerkmale die Rückbezüglichkeit auf das Ich sei. Das heißt und bedeutet, daß es ihm nur möglich ist, aus der monadenhaften Zurückgezogenheit auf sich selbst, die Möglichkeit – wir sagen besser: die Kraft – für sein Handeln zu gewinnen. Hier sehen wir den Homunkulusansatz, der uns lehren will, daß der Mensch zuerst ein Selbst zu werden habe in dem Sinne, daß er bei sich selbst ist. Die Grundlagen für eine solche Auffassung sind an sich bei ROUSSEAU schon gegeben.[59] Wer die ROUSSEAUsche Position in dieser Form weiterentwickelt, wie im 19. Jahrhundert geschehen, kommt unweigerlich zu diesem Denken, daß der Mensch erst eine Kraft zu entwickeln habe, wobei es dann verschiedene Versionen darüber gibt, wie sich diese Kraft „entwickeln“ könne, aus der „Natur“ des Menschen selbst heraus oder in der Auseinandersetzung mit der Welt, die dann – wie bei

59 Vgl. Seite 17ff.

Humboldt – ihrer Eigentlichkeit entkleidet und nur noch zum Objekt des Ich gemacht wird, das ein Selbst (Persönlichkeit) werden will.

Immer wieder können wir feststellen, daß alle diese Theorien der Sozialisation, die den Menschen auf der einen Seite und die Kultur (Gesellschaft) auf der anderen Seite sehen, in ihrer Weltvergessenheit zu Metasystemen gelangen, die eigentlich nicht nur die Welt vergessen, sondern zum Schluß den Menschen auch nicht mehr im Blick haben. Ein typisches Beispiel dafür ist der lerntheoretische Ansatz und alle diejenigen Ansätze, die wir mit ihm als verwandt bezeichnet haben: Der Mensch wird mit der Ratte im Labyrinth gleichgesetzt und deren Lernen auch auf den Menschen übertragen, der Mensch wird zum Objekt einer Theorie gemacht. Ein Metasystem ist somit eine Theorie, die eigentlich nicht *für*, sondern über den Menschen gemacht wird und damit an ihm vorbeigeht. Das kann nur geschehen, weil die von uns erarbeiteten sechs Kriterien[60] nicht mehr von Bedeutung sind bzw. nicht mehr ernst genommen werden. So wird die Definition von Erziehungszielen zu einer nahezu unlösbaren Problematik. Der Verlust der unreflektierten Unmittelbarkeit zwingt geradezu zu einem Ausweichen auf Abstrakta und Symbole, die niemandem mehr etwas sagen, weil niemand sich darunter etwas Konkretes vorstellen kann, Erziehung aber unbedingt Konkretion braucht. Diese Konkretion kann nur hergestellt werden durch den Bezug der Welt, wie wir ihn aufgezeigt haben. Dazu gehört vor allem auch die Tatsache, daß das Dasein nicht total rational faßbar ist, sondern das Sein des Seienden im Verborgenen bleibt. Die fehlende Transzendenz führt in die Ambivalenz.

---

60 Vgl. Seite 35ff.

4

Das Problem der Welt und der Erziehungsziele in den modernen wissenschaftstheoretischen Ansätzen

4.1

Der geisteswissenschaftliche Ansatz

Auch DILTHEY, der Begründer der Geisteswissenschaftlichen Pädagogik, kennt interessanterweise noch den Begriff „Wohlwollen"; aber nicht im Zusammenhang der Pädagogik spricht er über das „Wohlwollen", sondern in seinen Erörterungen über die Ethik. Dort widmet er diesem Thema ein kurzes Kapitel. Die Abdrängung des „Wohlwollens" in die Ethik ist kein Zufall, sondern hat einen tieferen Grund in dem eigentlichen Denkansatz DILTHEYS, der in der Überschrift des zweiten Abschnittes seiner Schrift „Grundlinien eines Systems der Pädagogik" deutlich wird. Dieser Abschnitt ist überschrieben: „Die Eigenschaften im Zusammenhang des Seelenlebens, durch welche Regeln, Normen, Entwicklung und deren Darstellung in Wissenschaften des Geistes möglich werden. Positive psychologische Grundlegung."[61] Damit ist das Generalthema DILTHEYS schon angesprochen: Die Pädagogik wird auf eine feste, d. h. durch Regeln und Normen und deren Entwicklung bestimmbare Grundlage gestellt. „Eine Regel des menschlichen Handels kann abgeleitet werden von anderen Regeln, Zwecken, die festgesetzt sind; sie bezeichnet nur ein Verfahren, das als Mittel gegebenen Zwecken angepaßt ist. Solche Regeln sind die der Erziehung; denn die Erziehung ist nicht selbst in sich Zweck, sondern nur Mittel für die Entfaltung eines Seelenlebens."[62] Demgegenüber handelt es sich beim „Wohlwollen" um ein „Bewußtsein der Solidarität", das „nicht eine theoretische Einsicht, sondern ein Gefühls- und Sinneszustand" ist. Immerhin bedeutet es für

61 W. Dilthey, Gesammelte Schriften. Bd. IX. S. 181.
62 Ebenda.

DILTHEY nicht nur „das animalische Miterzittern des Nervensystems, sondern auch das Bewußtsein eines Bandes, [...] welches zu tätiger Teilnahme hinüberführt".[63] Und das ist eben die Solidarität. Doch dabei spielt nicht nur das Gefühl, sondern auch der Wille eine Rolle. Daraus entstehen dann das „Familienbewußtsein", die „Gentilgemeinschaft", die „Liebe" und die „Freundschaft", und schließlich entwickelt sich aus dem „Mitgefühl und dem tätigen Wohlwollen" die „Teilnahme". In ihr ist in ansprechender Weise die Solidarität als Unterlage des Wohlwollens bezeichnet.[64] Zusammenfassend bemerkt DILTHEY zum Problem des „Wohlwollens": „Von der Enge, in welcher uns das Bewußtsein des Eigenwertes erhält, befreit uns das Wohlwollen. Unser Blick erweitert sich; soweit Wohl und Wehe, soweit der Wert der Person verbreitet ist, breitet sich der wohlwollende Wille aus. Kant hat das Wohlwollen ausschließlich auf die Glückseligkeit des anderen bezogen. Ihm scheint sich LOTZE anzuschließen, wenn er, gegen HERBART freilich mit vollem Recht, bemerkt, daß das Wohlwollen nicht ein nacktes Verhältnis der Willen enthalte, sondern in dem zweiten Willen Wohl und Wehe voraussetze. Er bezeichnet damit doch nur die äußerste Grenze, an der Wohlwollen beginnt."[65]

Mit allen diesen Gedanken kann man in der Pädagogik aber offensichtlich nichts anfangen, wenn nicht aus metaphysischen Prinzipien – und man darf wohl sagen, daß das „Wohlwollen" vielleicht nicht ein metaphysisches Prinzip, aber doch eines ist, das keiner Regel entspricht – ein pädagogischer Zweck als Regel abgeleitet werden kann. Denn man sucht für das Handeln einen *festen* Ansatz. Aber wo ist in der Pädagogik dieser feste Ansatzpunkt zu gewinnen? DILTHEY findet ihn nur in dem Postulat, daß das Seelenleben eine *Teleologie* in sich enthält. „Korrelat diesem Satz ist: Alle Teleologie ist Ausdruck eines Willenstatbestandes, also schließlich hat sie in dem Willen des Menschen ihre Heimat."[66] Er sieht die Teleologie darin begründet, daß jedes Geschöpf nicht nur der Erhaltung, sondern auch der Steigerung *seiner* Existenz und der Existenz seiner Gattung lebt. Das ist für ihn schon eine zweckmäßige teleologische Willenstatsache. Allerdings ist diese nicht mit einem Male da, denn kein Wesen, kein Mensch kommt als so intelligentes Wesen zur Welt, daß es alles das durchschauen könnte, sondern diese Willenstatsache entwickelt sich erst über Gefühle, Bilder, Zustände, Gedanken und Handlungen. Sie alle haben einen auf den Willen gegründeten teleologischen Charakter,

63 W. Dilthey, Gesammelte Schriften. Bd. X. S. 69.
64 Vgl. ebenda, S. 70
65 Ebenda.
66 W. Dilthey, Gesammelte Schriften. Bd. IX. S. 181.

denn Teleologie und Willentlichkeit sind sozusagen identisch mit dem, was DILTHEY auch „seelische Struktur" nennt. Die ganze geistige Welt setzt sich zusammen aus einem Mechanismus, der aber von dem Mechanismus der Natur verschieden ist. Dieser Mechanismus der geistigen Welt kann gekennzeichnet werden durch die Begriffe Teleologie, Vollkommenheit und Entwicklung. Wichtig scheint uns vor allem, daß es sich um einen Mechanismus handelt, der sich dementsprechend gesetzmäßig entfaltet. Die Ordnungen der Natur und die der geistigen Welt sind grundsätzlich gar nicht so sehr voneinander verschieden, aber bei der Natur wissen wir ganz genau, daß es sich um einen Kausalzusammenhang handelt, während es sich bei der geistigen Welt um einen Verstehenszusammenhang handelt, was vor allem auch ein geschichtlicher Zusammenhang ist. Aber dabei gibt es doch folgendes festzuhalten: Der Zusammenhang zwischen der Natur und der Geistesordnung ist vorläufig unerkennbar. Hier fordert DILTHEY die Psychologie seiner Zeit, die Empfindungs- und Assoziationslehre war, auf, die Lücken zu schließen, indem sie wirklich das ganze menschliche Seelenleben erforsche und dabei auch herausarbeite, welche Rolle der Wille spielt. Daher sei es Aufgabe der Pädagogik, „eine Methode zu finden, sie so weit darstellbar zu machen, daß der Pädagoge zu Erkenntnis ihres Befundes in der Kindernatur und der Gesetze der Vorgänge, die durch sie bedingt sind, gelangen kann".[67]

Hier sind wir also schon am Kern der Sache: Die metasystematische Annahme, die nicht begründet, wohl aber postuliert wird, ist darin gegeben, daß der Mensch von sich aus zu einer Vollendung in Vollkommenheit strebt und daß dies eine Leistung des Willens ist. Sie muß planmäßig (teleologisch) vor sich gehen. Daher ist Erziehen auch eine „planmäßige Tätigkeit, durch welche Erwachsene das Seelenleben von Heranwachsenden zu bilden suchen".[68]

Wir sind an dieser Stelle schon nicht mehr weit von der sozialwissenschaftlichen Definition BREZINKAS entfernt, die wir an anderer Stelle behandeln (vgl. Seite 66ff). Die Verwandtschaft ist im übrigen nicht nur in der Plan- und Regelmäßigkeit gegeben, sondern auch in der zur „Verzweckung" erhobenen gesamten pädagogischen Tätigkeit. Es wird uns keine Begründung dafür gegeben, warum eigentlich nur intentionale Erziehungsakte pädagogisch – und d. h. hier gleichzeitig wissenschaftlich – von Bedeutung sind und warum nicht auch funktionale Akte Erziehung sein können, es sei denn, wir können es aus dem Gesamtzusammenhang begründen, der in der Teleologie zu suchen ist. Immerhin wäre

67 Ebenda, S. 187f.
68 Ebenda, S. 190f.

es denkbar, daß auch funktionale Erziehung der Vollkommenheit, die erreicht werden soll, nicht abträglich ist. Aber diese Annahme widerspräche dem metasystematischen Postulat, denn bis jetzt haben wir ja nur die eine Seite der Formel kennengelernt, nämlich daß Erziehung planmäßig zu geschehen habe und mit Hilfe der Psychologie die Gesetze gefunden werden müssen, nach denen sich die Seele zu ihrer tatsächlichen Vollkommenheit entwickeln kann. Noch ist über diese Vollkommenheit selbst nichts ausgesagt, und das ist die Frage nach den Zielen, die wir jetzt noch betrachten müssen. Hierzu bemerkt DILTHEY ganz lapidar: „Die Erziehung ist eine Funktion der Gesellschaft, die Analysis einer solchen Funktion hat zwei Mittel: Die Komparation des empirischen Tatbestandes und die Herstellung der Beziehung zwischen Tatsachen und ihren Ursachen, deren wichtigste die menschliche Natur ist. So sucht die Analysis die erziehende Funktion in der Gesellschaft einerseits aufzufassen, indem sie vergleicht und die Nationalerziehung der verschiedenen Völker in ihren verschiedenen Einzelzuständen betrachtet, andererseits psychologische und soziologische Kenntnis der Faktoren zu den Tatsachen in Beziehung setzt.“[69]

Geht man also dieser Analysis nach, so stößt man nicht etwa auf die Welt als den letzten Grund und die letzte Bestimmung aller Erziehung, sondern auf die Gesellschaft. Wir sehen hier auch deutlich den Unterschied zwischen Welt und Gesellschaft. Die Komparation des empirischen Tatbestandes von Erziehung hat nur zwei Faktoren:

- das Ich, denn das ist ja eigentlich mit der menschlichen Natur gemeint. Denn wenn jede menschliche Natur in sich ein teleologischer Strukturzusammenhang ist, dann ist nicht die menschliche Natur schlechthin der Gegenstand, sondern die individuelle menschliche Natur.
- die psychologische und soziologische Kenntnis der jeweiligen Gesellschaft, natürlich in ihrer historischen Entfaltung, in deren Rahmen erzogen wird.

Beide Faktoren müssen miteinander verglichen und in Einklang gebracht werden. Das weist darauf hin, daß Erziehung als sozialer Dienstleistungsbetrieb gesehen wird, und das ist bereits eine Verengung des Erziehungsbegriffes. Die Beziehung zur Natur (Welt) wie auch die Beziehung zwischen Ich und Du – im Sinne BUBERS – wird nicht gesehen bzw. nur unter dem Aspekt des „sozialen Erneuerungsprozesses, vermöge dessen stets neue Individuen als neue Elemente der Gesellschaft in sie eintreten“, und diese Tatsache verlangt auch, „daß die Individuen zu dem Punkt entwickelt werden, an welchem sie die Personen der gegenwärtigen

69 Ebenda, S. 192.

Generation ersetzen können".[70] Das ist eine eindeutige Einengung der Auffassung von Erziehung. Jetzt verstehen wir auch besser, warum nur alle planmäßige Erziehung als Erziehung gilt, denn es geht um die Bestimmung eines Ist-Zustandes, der sich einerseits aus der Natur des Individuums ergibt, andererseits aber aus dem Zustand der jeweiligen Gesellschaft, der gleichzeitig der Soll-Zustand ist.

Erziehung wird damit sozialwissenschaftlich vermarktet. Es wird gleichzeitig der Anspruch gestellt, daß es um nichts anderes geht als um die Anpassung der jungen Generation an die Forderung der Gesellschaft. Durch die Thematisierung der Gesellschaft werden alle menschlichen und dinglichen Grunderfahrungen, die vor der Gesellschaft liegen, einfach unmöglich gemacht. Von hier aus gewinnt ROUSSEAUs Theorie, daß vor dem Bürger der Mensch erzogen werden muß, bei aller artifiziellen räumlichen und zeitlichen Folge ihre Berechtigung. Wenn nämlich die Welt und die Mitmenschen übersprungen werden und sofort die gesellschaftliche Komponente ins Spiel kommt, wird ein Haus gebaut, das auf schwankendem Boden steht. Es geht jede Unmittelbarkeit der Erfahrung verloren, die eine soziale Erfahrung ist. Bevor der Mensch mit dem gesellschaftlichen Wir etwas anfangen kann, muß er das Du in den Dingen und Mitmenschen gesucht und gefunden haben; erst dann versteht er überhaupt, was die Gesellschaft sein kann und was sie ihm nicht sein kann.

Insofern trennen wir zwischen sozialen und gesellschaftlichen Erfahrungen. Die gesellschaftlichen Erfahrungen liegen immer schon im metasystematischen Bereich, d.h., die Nähe der Welt wird übersprungen und damit alle Erfahrung der Natur zunichte gemacht. Anders ausgedrückt: Das Ich und die Welt werden auseinandergerissen, und an ihre Stelle wird ein artifizielles System gesetzt, das ständig im Wandel begriffen ist und das man insofern nie erreichen kann. Man macht dem Edukanden weis, daß der Sinn des Lebens im Gesellschaftssystem bestehe, nicht in seinem Dasein in der Welt, dessen Sinn er nicht mehr finden kann. Wer aber nicht mit den Gegenständen dieser Welt – dem „Zuhandenen", wie HEIDEGGER es nennt – hantieren gelernt hat, lernt es erst recht nicht an artifiziellen Systemen. So entwickelt sich eine Verdrossenheit des Daseins, die in Schuldzuweisungen besteht. Schuld aber sind die Metasysteme, die ein unreflektiertes „Ausleben" des Menschen in der Welt verhindert haben. Und das muß man auch richtig verstehen: Wer an den einfachen Dingen des täglichen Lebens und den Mitmenschen den Sinn von Sorge nicht erfahren konnte, wird es an einem Metasystem, wie es die Gesellschaft ist, erst recht nicht können. Es ist der kardinale

70 Ebenda.

Sündenfall der Pädagogik, daß Probleme der Gesellschaft zu thematisieren versucht werden, ohne daß die Welt thematisiert worden ist. Hier muß im Edukanden vor allem der Mythos entstehen, daß alles machbar sei, weil das, was nicht machbar ist, überhaupt nicht mehr in den Blick kommt. Das ist auch die Frage, die der von DILTHEY ausgehenden pädagogischen Schule der Geisteswissenschaftlichen Pädagogik zugrunde lag. DILTHEYS Sündenfall besteht darin, daß er sich KANT anschließt, der im „Satz der Phänomenalität“ folgendes feststellt: „[...] alles, was für mich da ist, [steht] unter der allgemeinsten Bedingung, Tatsache meines Bewußtseins zu sein; auch jedes äußere Ding ist mir nur als eine Verbindung von Tatsachen oder Vorgängen des Bewußtseins gegeben; Gegenstand, Ding ist nur für ein Bewußtsein und in einem Bewußtsein da.“[71] Daraus ergibt sich, daß immer wieder nur das Bewußtsein eines Ich thematisiert wird. Es gibt nichts, was von diesem Bewußtsein unabhängig wäre, und das bedeutet ein Nicht-Ernstnehmen der Welt. Das heißt also: Die Bedingung einer Erkenntnis in den Geisteswissenschaften ist immer in der „gesellschaftlich-geschichtlichen Wirklichkeit“ gegeben – ein Begriff, den DILTHEY immer wieder gebraucht –, aber diese Wirklichkeit ist eben keine unabhängige, sondern eine von meinem Bewußtsein zutiefst abhängige Wirklichkeit. Die Bedingungen der Erkenntnisse, die in der Natur selber liegen, sind dagegen von den kausal-determinierten Naturwissenschaften zu erbringen und daher auch nur ihr Gegenstand. Zwar ist auch DILTHEY der Meinung, daß es wünschenswert wäre, den Unterschied zwischen den Natur- und Geisteswissenschaften aufzuheben, aber das kann nur geschehen, „wenn jener Gegensatz, von dem wir ausgingen, zwischen dem transzendentalen Standpunkt, für welchen die Natur unter den Bedingungen des Bewußtseins steht, und dem objektiv empirischen Standpunkt, für welchen die Entwicklung des Geistigen unter den Bedingungen des Naturganzen steht, aufgelöst sein wird. Isoliert man dieses Problem für die Geisteswissenschaften, so erscheint eine für alle überzeugende Auflösung nicht unmöglich. Die Bedingungen derselben würden sein: Nachweis der objektiven Realität der inneren Erfahrung; Bewahrheitung der Existenz einer Außenwelt; alsdann sind in dieser Außenwelt geistige Tatsachen und geistige Wesen kraft eines Vorgangs von Übertragung unseres Inneren in dieselbe da [...]. Was immer die Natur an sich selber sein mag, das Studium der Ursachen des Geistigen kann sich daran genügen lassen, daß jedenfalls ihre Erscheinungen als Zeichen des Wirklichen, daß die Gleichförmigkeiten in ihrem Zusammensein und ihrer Folge als ein Zeichen solcher Gleichförmigkeiten in dem Wirklichen aufgefaßt und

71 W. Dilthey, Gesammelte Werke. Bd. V. S. 91.

benutzt werden können. Tritt man aber in die Welt des Geistes und untersucht die Natur, sofern sie Inhalt des Geistes, sofern sie als Zweck oder Mittel in den Willen eingewoben ist: Für den Geist ist sie eben, was sie in ihm ist, und was sie an sich sein mag, ist hier ganz gleichgültig. Genug, daß er so, wie sie ihm gegeben ist, auf ihre Gesetzmäßigkeit in seinen Handlungen rechnen und den schönen Schein ihres Daseins genießen kann."[72]

Entscheidend ist hier noch einmal der Gedanke DILTHEYS, daß das An-sich-Sein der Natur nicht gefragt ist. Damit ist auch die Frage nach der Welt, wie sie eigentlich und wirklich ist, weder Gegenstand der Frage, noch Gegenstand der Untersuchung, noch Gegenstand – und das ist hier sehr wichtig – des Ziels des Individuums. Sie ist nur insofern gefragt, als sie in meinem Bewußtsein ist und ich mir ein geistiges Bild von ihr machen kann. Aber auch im Rahmen des Bewußtseins gelten nur jene Zeichen, die sich eben gleichförmig und gesetzmäßig interpretieren lassen. Es klingt für den Leser fast leichtfertig, wenn DILTHEY darauf abhebt, daß es genügt, wenn man darauf rechnen kann, daß es eine Gesetzmäßigkeit in den Handlungen gibt und daß man so den schönen Schein des Daseins genießen kann.

Es mag natürlich auch ein Unterschied bestehen, wenn DILTHEY vom Dasein spricht und wir hier in der Nachfolge HEIDEGGERS vom Dasein sprechen, doch muß es erlaubt sein, einmal einen Vergleich anzustellen. DILTHEY begnügt sich mit dem „schönen Schein" und eliminiert damit die Wahrheitsfrage, mit der die Frage nach der Metaphysik gestellt ist. Es stellt sich uns von daher das Problem, ob die Frage nach der Wahrheit nicht auch die Frage nach der Welt ist; denn Wahrheit, Unmittelbarkeit und Welt haben doch offensichtlich etwas miteinander zu tun und können nicht ohne schwerwiegende Folgen voneinander abgetrennt werden. Das ist im Grunde genommen auch die Frage nach der Hermeneutik. Was kann sie im Rahmen der Wissenschaft leisten? Welche Möglichkeiten hat sie?

Die Antwort fällt uns nicht schwer. Nach DILTHEY kann Wissenschaft immer nur einen Gesamtzusammenhang von Sätzen aufstellen und dabei „Abhängigkeiten feststellen, welche innerhalb eines solchen auf einem Bestandteil der Menschennatur beruhenden, über das Individuum hinausgreifenden Zweckzusammenhangs zwischen den einzelnen psychischen oder psychophysischen Elementen bestehen, die ihn bilden, sowie die Abhängigkeiten, welche zwischen ihren Eigenschaften stattfinden. Sie bestimmt, wie ein Element das andere in diesem Zweckzusammenhang bedingt, von dem Auftreten einer Eigenschaft in ihm das einer anderen ist

---

72 W. Dilthey, Gesammelte Werke. Bd. I. S. 20f.

[...]. Ich wähle für solchen Zweckzusammenhang den Ausdruck: *System.*"[73] Sind es mehrere Eigenschaften, die die Grundverhältnisse eines Zweckzusammenhangs bestimmen, dann spricht DILTHEY auch von der „Theorie eines Systems". Ein solches stellt beispielsweise die Kultur dar.[74] Hermeneutik ist somit immer nur im Rahmen einer solchen Theorie eines Systems möglich. Das bedeutet zunächst einmal, daß Hermeneutik sich zwischen den beiden Polen des absoluten Nicht-Verstehens und dem totalen Verstehen bewegt. Sie liegt also genau dazwischen. Ist damit gesagt, daß Hermeneutik zur Wahrheit führen könne? Diesen Gedanken weist DILTHEY als unerfüllbar zurück, denn das Verstehen ist „ein intellektueller Prozeß von höchster Anstrengung, der doch nie ganz realisiert werden kann".[75] Die Hermeneutik ist einesteils ein komparatives, anderenteils ein divinatorisches Verfahren. Da sie das aber ist, bleibt im Ausdruck des Verstehens selbst eine Komponente der Unsicherheit. Gewiß mag nur das bleiben, was dem „System", dem „Zweckzusammenhang" entspricht, d.h., soweit es sich um psychische oder psychophysische Elemente handelt. Das heißt aber, daß das geisteswissenschaftliche Verfahren selbst nicht in der Lage ist, Ziele für die Erziehung zu deduzieren. Es werden immer nur Strukturen von seelischem Geschehen bzw. Systeme aufgezeigt, wie wir sie in Kulturen beispielsweise vorfinden. Dazu muß noch gesagt werden, daß es gerade beim Aufzeigen von Systemen sich eben nicht um die Wirklichkeit der Welt handelt, sondern um ein Metasystem, ein System, das von Menschen für Menschen erdacht ist. Es geht nicht so sehr um eine Theorie über eine Theorie als vielmehr um eine Theorie, von der ich von vornherein weiß, daß sie nicht sozial in dem Sinne ist, daß sie das In-der-Welt-Sein des Menschen zu sehen und zu verstehen in der Lage ist. Sie versucht, gesellschaftliche Zweckzusammenhänge darzustellen und zu beschreiben, von denen ich jedoch weiß, daß sie nicht wahr, wohl aber richtig sein können. Wahr sein wäre eine objektive Aussage; richtig sein heißt, nur im Rahmen dieses Systems, dieser oder jener hermeneutischen Aussage richtig zu sein, sofern diese im Rahmen der Geisteswissenschaften und nicht der Naturwissenschaften liegt, d.h., sofern sie zu einem Bewußtsein und nicht zu einem Sein gehört.
Die Geisteswissenschaftliche Pädagogik ist denn auch ständig dabei, den Zusammenhang zwischen der geistigen Welt und der im Individuum vorfindbaren Strukturen zu thematisieren und pädagogisch fruchtbar zu machen. Nach der Auffassung DILTHEYS muß der gesamte Lebenszusam-

73 Ebenda, S. 44.
74 Vgl. ebenda.
75 W. Dilthey, Gesammelte Werke. Bd. VIII. S. 227.

menhang zwei Enden oder zwei Pole haben. SPRANGER als der wohl bedeutendste Schüler und Interpret der DILTHEY-Schule hat das treffend so ausgedrückt: „Der überindividuelle Geist greift überall nur durch die Struktur des individuellen Geistes hindurch. Man erfaßt seine Struktur nur in der Erlebnisabschattung. Er sucht sich, wenn er sich sucht, nur durch den Einzelmenschen hindurch. Der größte Kenner des Geistes ist der am meisten geistig gewordene Mensch; aber er bleibt Mensch und wird nicht (wie HEGEL es versuchte) zum Weltgeiste selbst. Jeder *spricht* seine Sprache; aber er *ist* nicht *die* Sprache. Jeder hat ein Verhältnis zu seinem Staat und trägt Staatliches in seiner Seele; aber niemand, auch der absolute Monarch nicht, kann sagen: ‚L'état c'est moi.'"[76]
Aber eben dieser individuelle Geist entfaltet sich doch in gesetzmäßigen Strukturen. Es ist undenkbar, daß er sich sozusagen anom entfaltete. Alles ist in geordneten Bahnen geregelt. So kommt SPRANGER zu den sechs Typen, die er in den „*Lebensformen*" expliziert hat, den theoretischen, den ökonomischen, den ästhetischen, den sozialen, den politischen und den religiösen Menschen. „Die Typen werden dadurch gewonnen, daß die charakteristischen Züge und Merkmale, die beim Verfolgen der Sinnrichtungen hervortreten, vom konkreten geschichtlichen Leben abgehoben und zu höchster Reinheit gesteigert werden, um dann wieder rückwendig auf die Komplexität individueller und kollektiver Ausprägungen des Lebens angewandt und an ihnen bewährt zu werden."[77] Hier ist festzuhalten, daß SPRANGER die Pädagogik als Kulturwissenschaft versteht, sind doch die sechs Typen ganz auf die Kultur hingerichtet und umgekehrt von der Kultur wieder im Menschen insinuiert. Das Verfahren „beginnt mit einer Feststellung dessen, was ist und gewesen ist. Historische Kenntnis von Erziehungsformen und Gegenwartskenntnis des heute vorliegenden Erziehungslebens ist unentbehrlich für jede tiefer gehende Reflexion über dieses Lebensgebiet. Wir nehmen also an, daß der Systematiker der Pädagogik durch historisch gerichtete und durch deskriptive Pädagogik hindurchgegangen sei."[78]
Es versteht sich von selbst, daß eine nur auf das Verstehen und die Interpretation der Kultur ausgerichtete Pädagogik (Kultur stellt ohnehin, wie wir wissen, einen Lebenszusammenhang mit dem Individuum dar) weder von Erziehungszielen noch von Lernzielen zu sprechen braucht – hat sie diese doch schon vorgegeben, nämlich in den Strukturen selber. Deswegen gibt es für eine derartige Pädagogik nur Aufgaben. Der

---

76 E. Spranger, Philosophische Pädagogik. S. 14.
77 G. Bräuer, Eduard Spranger. In: Geschichte der Pädagogik des 20. Jahrhunderts. Bd. II. J. Speck (Hrsg.). S. 67.
78 E. Spranger, a. a. O., S. 17.

Unterschied ist einleuchtend: „Alle geistigen Urtendenzen werden von der Erziehung *vorausgesetzt:* den Urtrieb für den Sinn des Erkennens, des Ästhetischen, des Nützlichen, für Zusammenleben und Machtverhältnisse, für das Urethische und das Urreligiöse bringt der Mensch keimhaft mit. Die Erziehung legt es nur frei; sie schafft es nicht, sondern sie entbindet es nur."[79] Ziele sind also weiterführend, müssen jeweils gesucht, gefunden und begründet werden, während Aufgaben nur zu lösen sind. Im pädagogischen Bereich ist der Unterschied im Bilden zu sehen, denn im Akte der Bildung muß ein Offenlegen der „Totalstrukturen des Lebens"[80] vollzogen werden. Dabei bedeutet die gelegentliche Verwendung des Begriffes „Welt" doch nur die geistige Welt, sofern sie in die Strukturzusammenhänge der Geisteswissenschaften hineinpaßt, nicht aber das In-der-Welt-Sein des Menschen. Etwas umfassender scheint uns FLITNER in seiner „Allgemeinen Pädagogik", besonders aber in seinem Buch „Abendländische Lebensformen", von den „Erziehenden Lebensformen" zu sprechen. Er entwickelt vier Haupttypen, die in der abendländischen Kultur ihren Niederschlag gefunden haben (sollen):

1. den aristokratischen Mann
2. den werktätigen Menschen
3. den kontemplativen Weisen
4. den Humanisten.[81]

Hier fällt auf, daß der Werktätige als Grundtyp schon an zweiter Stelle kommt.

FLITNER geht nicht konkret auf das In-der-Welt-Sein ein, sondern er bleibt bei der Interpretation von Lebensformen, d.h., er hält sich im Rahmen der historischen Betrachtungsweise von Lebenszusammenhängen, „so daß alle erziehenden Mächte darin übereinstimmen".[82] Es wird also nicht die Frage thematisiert, welche Aufgaben zu lösen denn nun vom Menschen erwartet wird, sondern es werden überzeitliche Typen entwickelt, bei deren Deskription es FLITNER bewenden läßt. Es wird nicht ausgesagt, was eigentlich zu tun ist. Gerade an dieser Stelle wird die Schwäche des metasystematischen Denkens in Strukturzusammenhängen insoweit besonders deutlich, als die Geisteswissenschaftliche Pädagogik immer nur Typisches, ja Idealtypisches vorzustellen hat, aber niemals auf aktuelle Fragen eine Antwort weiß. NOHL – als DILTHEY-Schüler in dieses Denken in Kultursystemen einbezogen und „Bildung als

---

79 Ebenda, S. 30.
80 Ebenda.
81 Vgl. A. Flitner, Allgemeine Pädagogik. S. 122ff.
82 Ebenda.

die subjektive Seinsweise der Kultur“[83] definierend – sieht doch als erster, wie weltfremd Schule und Bildung geworden sind. Er weist darauf hin, daß sich die moderne Kultur eigentlich aufspaltet in „Kultur und Zivilisation“, und er bemerkt dazu: „Man müßte die ganze verwebte Geschichte entwirren, in der seit dem Anfang des 19. Jahrhunderts Idealismus und Romantik das bürgerliche Leben der Aufklärung, ihren großen Begriff von der Allgemeinnützlichkeit der Bildung, vom erzieherischen Wert der Wirtschaftlichkeit, und der fundamentalen Bedeutung der Arbeitswelt ablehnten und dafür ein Ideal von Bildung schufen, das den sonderbaren Gegensatz von Kultur und Zivilisation zur Voraussetzung hat [...] ‚Die bürgerliche Polizierung oder Zivilisation‘ auf der einen Seite und ‚Die höhere eigentliche Geisteskultur‘ auf der andern. ‚Die Zivilisation ist mit den Bedingungen eines Sicherheit, Ordnung, Bequemlichkeit bedürfenden Lebens fleißig beschäftigt, aber sie schafft keine Literatur und keine literarische Bildung.‘“[84] Hier bricht noch nicht eigentlich die Frage nach dem Weltbezug der Pädagogik auf, wie wir ihn verstehen. Es klingen allenfalls einige Prinzipien, die wir aufgestellt haben[85], an. Was diese von NOHL begonnene Auseinandersetzung zeigt, scheint uns etwas anderes zu sein: Es ist die Frage nach dem DILTHEYschen System überhaupt. Wollte DILTHEY nicht einst vom Leben und auch vom individuellen Erleben ausgehen? Zeigt sich nicht an dieser Stelle die ganze Fiktion der DILTHEYschen Hermeneutik, wenn NOHL feststellt, daß der Lebenszusammenhang, das System, wie DILTHEY es nannte, ein Metasystem ist, das an der Wirklichkeit vorbeigeht, weil es die Welt nicht in seiner Realität gesehen hat, sondern nur insoweit es Bestandteil unseres Bewußtseins ist? Offenbar war das, was NOHL jetzt „Zivilisation“ nennt, der Hermeneutik und damit dem gesamten Lebenszusammenhang entgangen? Wie konnte das geschehen? Offenbar war doch die Evolution der Geschichte nicht richtig interpretiert worden. Hätte nicht auch das, was NOHL die „bürgerliche Polizierung“ nennt, die seit den Tagen des Realismus, spätestens aber seit der Aufklärung auch pädagogisch deutlich sichtbar und wirksam war, in ihrer geschichtlichen Bedeutung gesehen werden müssen? DILTHEY hatte geschrieben: „Den Ausgangspunkt für das Verständnis des Begriffs von Systemen des gesellschaftlichen Lebens bildet der Lebensreichtum des einzelnen Individuums selber, das als Bestandteil der Gesellschaft Gegenstand der ersten Gruppe von Wissenschaften ist.“[86] Und es erscheint als ein eklatanter

---

83 H. Nohl, Die pädagogische Bewegung in Deutschland und ihre Theorie. S. 140.
84 H. Nohl, Bildung und Alltag. In: ders., Pädagogik aus dreißig Jahren. S. 124.
85 Vgl. Seite 35ff.
86 W. Dilthey, Gesammelte Werke. Bd. I. S. 49.

Widerspruch demgegenüber, wenn NOHL nun 1929 schon schreibt, daß es die Aufgabe der Gegenwart sei, die verlorengegangene „Beziehung zwischen Schule und Wirklichkeit wiederherzustellen, ‚auf dem Wege gemeinsamer Arbeit zu der wahren geistigen Natur der gewöhnlichen Dinge, mit denen wir es zu tun haben, durchzudringen'".[87] An sich hätte der Interpretationszusammenhang zwischen den Objekten und den Subjekten nicht so aus dem Blickfeld geraten dürfen, daß die Beziehung zwischen Schule und Wirklichkeit hätte überhaupt verlorengehen können. Dabei ist es natürlich eine Frage, ob es wirklich nur um die Geistigkeit der Kultur an sich gehen kann. Hier geht es um Grundlegenderes. BUBER hatte zwar auch von den geistigen Werten bzw. Wesenheiten gesprochen, diesen aber die Beziehungen zur Natur (Welt) und den Menschen vorangestellt.

NOHL bringt zwar richtig zum Ausdruck, daß das Aktuelle über sich selbst hinausweist, aber es weist nicht nur auf die historischen Zusammenhänge, also nach rückwärts, es weist vor allem nach vorn auf die Welt, und die ist eben mit einem Metasystem, wie es die Geisteswissenschaftliche Pädagogik darstellt, nicht zu fassen. Es stellt sich also die Frage, ob die Geisteswissenschaftliche Pädagogik und die von ihr entwickelte Hermeneutik letztlich nicht zu historisch ausgerichtet sind, um überhaupt noch eine Antwort auf die Fragen der Gegenwart geben zu können. In den Objektivationen des Geistes und der subjektiven seelischen Struktur wird immer nur historischer Sinn erschlossen. Dementsprechend kann die Antwort auf die Frage nach den Zielen auch nur eine historische, oder negativ ausgedrückt: eine nichtaktuelle sein. DILTHEY wie auch seine Schüler gehen davon aus, daß der Strukturzusammenhang der subjektiven und der objektiven Seite immer eine Vollkommenheit ergeben muß. Wird hier nicht der Verstehensprozeß von vornherein belastet und unter einen gewissen Zwang gesetzt, nämlich auf alle Fälle zu einer Vollendung eines Sinnzusammenhangs zu kommen, um Erziehungsziele definieren zu können? Gerade dieses Unternehmen wird aber besonders schwierig, wenn es sich um neue, aktuelle Prozesse handelt, wie beispielsweise um die Industrialisierung, die NOHL jetzt aus der Kultur ausklammert und zur Zivilisation rechnen will. Damit will er doch wohl andeuten, daß Zivilisation minderwertiger als die Kultur ist und daß sie nicht in seinen Verstehenshorizont hineinpaßt, weil sie für ihn (noch?) keine Vollkommenheit ergibt. Die Geisteswissenschaftliche Pädagogik nimmt damit eine doppelte Reduktion vor: Sie verkleinert die Welt auf die Kultur und diese auf die geistigen Werte der Kultur, was nichts anderes als Sinngehalte meint. Damit kann

87 H. Nohl, Bildung und Alltag, a. a. O., S. 125.

sie auf aktuelle Probleme keine Antwort geben, weil diese zwar in einem historischen Zusammenhang stehen, aber die „Vollkommenheit" noch nicht zu sehen ist, möglicherweise sich auch keine „Vollkommenheit" einstellt und manche Erscheinungen nur Episoden bleiben. So stellt sich z. B. die Frage, was von unserer modernen Jugendkultur zu halten ist oder von der gegenwärtigen sexuellen Freizügigkeit. Wie können sie geschichtlich eingebunden werden in einen Zusammenhang, der eine Vollkommenheit ergibt? Jede Antwort auf eine Zielfrage muß zwar historisch ausgelotet werden, sie muß aber auch eine Antwort auf die unmittelbare Situation des Daseins und der Welt sein. Sie muß hic et nunc einen Sinn ergeben und die Möglichkeit schaffen, sich von einer konkreten Sorge in Anspruch nehmen zu lassen.

Wir haben bei NOHL gesehen, wie der DILTHEYsche Strukturzusammenhang zwischen der subjektiven und der objektiven Seite der Kultur in Frage gestellt wurde, ja in Frage gestellt werden mußte, weil sich neben der von der Geisteswissenschaftlichen Pädagogik konstruierten Welt der Werte und der Kultur eine Welt der Zivilisation entwickelte, oder sagen wir besser, eine Welt der Zivilisation lebte, aber nicht reflektiert wurde. Das Leben war sozusagen in zwei Welten aufgeteilt, in eine Welt der hohen geistigen Werte und Güter und in eine Welt der Arbeit, der Nicht-Kultur, die man auch Zivilisation nannte und die vom technischen Denken durchzogen und beherrscht war. Daß das für die Pädagogik einen unerträglichen Tatbestand geschaffen hatte, braucht nicht erst bewiesen zu werden, sondern ist aus sich selbst einsichtig. Die Gegenbewegung hat schon mit KERSCHENSTEINER begonnen, der nur indirekt zur Geisteswissenschaftlichen Pädagogik gezählt werden kann. Für ihn ist „Bildung [...] der durch die Kulturgüter geweckte, individuell organisierte Wertsinn".[88] Das ist etwas Neues. Hier wird nicht mehr ein System wirksam in dem Sinn, daß subjektive Strukturen objektiven Kulturgütern entsprechen. Zwar sind die Kulturgüter geblieben und mit ihnen auch die Werte und damit natürlich auch die Kultur, aber die subjektiven Entsprechungen gibt es nicht mehr. Im Gegenteil, es besteht nun ein Unterschied zwischen subjektiven und objektiven Werten. Ein Mensch, der nur mit subjektiven Werten erfüllt ist, wird egozentrisch genannt, und das ist gewiß eine abwertende Einstellung, denn ein Gebildeter kann nur der sein, der möglichst viel objektive Werte verwirklicht. „Indem wir sie [die Werte] erfassen und uns in sie hineinarbeiten, erleben wir diese Werte und werden selbst zu Trägern

---

88 R. Kerschensteiner, Bd. II: Texte zum pädagogischen Begriff der Arbeit und der Arbeitsschule. S. 55.

solcher *Werte,* d. h. zu einem objektiv geltenden Kulturgut. Das aber ist der letzte Sinn alles Unterrichts, aller Erziehung, kurz der letzte Sinn aller Bildung."[89] Waren bei DILTHEY das subjektive und das objektive Moment strukturell aufeinander abgestimmt, so sind sie bei KERSCHENSTEINER in seinem Grundaxiom phasenspezifisch einander zugeordnet, und das ist ein grundlegender Unterschied; denn hier gibt es keine apriorische Seelenstruktur, sondern das Individuum muß sich um diese Einstellung bemühen. Der Wille ist hier immer noch das Vehikel, mit dem diese Aufgabe, die nicht Erziehungsziel ist, gelöst werden kann. Den Prozeß, der zur Lösung dieser Aufgabe führt, nennt KERSCHENSTEINER „Arbeit". „Nur jene Arbeit dürfen wir als pädagogisch wertvoll bezeichnen, die sich in den Dienst eines geltenden Wertes stellt, der unsere Seele erfüllt. Unser ganzes Leben rollt ab in Verfolgung von Zwecken, die uns unsere subjektiven oder objektiven Werthaltungen stellen."[90] Aber die nur subjektiven Werthaltungen sind eben zu überwinden, und es geht darum, daß der Mensch sich auf die Werte einstellt, die objektive Geltung haben. Diese Einstellungen nennt KERSCHENSTEINER „sachlich". Je sachlicher jemand eingestellt ist, desto eher ist es ihm möglich, daß er nicht sich selbst, sondern den Wert einer Sache verwirklicht. „Der auf Sachlichkeit eingestellte Mensch wird den Willensentschluß fassen, der nach reiflicher Überlegung ohne Rücksicht auf sein Behagen oder Unbehagen als der objektiv geltende erscheint."[91] Daraus bekommt Sachlichkeit einen sittlichen Wert, weil Sachlichkeit eben auch Sittlichkeit ist, und KERSCHENSTEINER gebraucht den fast anstößigen Begriff „Entpersönlichung", womit er nicht mehr und nicht weniger sagen will, als daß das Ich transzendiert werden muß. Aber der Wille bleibt dabei das entscheidende Medium des Sich-selbst-Überwindens. Ohne ihn geht nichts. Das Werten wird zwischen die Welt und das Gut (Kulturgut) geschaltet, denn im Werten wird ein Gut *objektiv* und *wirklich* zugleich.[92]

Es gibt also auch bei KERSCHENSTEINER keine vorgegebene Wirklichkeit, sondern jede Wirklichkeit muß erst vom Individuum, vom Subjekt hergestellt werden. Ein Wert läßt sich nur dadurch realisieren, daß er an einem Ding in Erscheinung tritt, also zu einem Gut wird. Und hier folgt KERSCHENSTEINER ganz SCHELER, denn bei diesem heißt es: „Mit jedem neuen Gut erfolgt ein *wahres* Wertwachstum der menschlichen Welt.

---

89 Ebenda.

90 Ebenda.

91 Ebenda, S. 56.

92 Vgl. M. Scheler, Der Formalismus in der Ethik und die materiale Wertethik. S. 43.

Wertqualitäten sind hiergegen ‚ideale Objekte', wie auch die Farben- und Tonqualitäten solche sind.“[93]

Insgesamt geht KERSCHENSTEINER von folgender Entwicklung aus: Zunächst sei etwa bis zum 2. Lebensjahr alles Tun des Kindes „instinktiv, spontan und spielerisch“. In diesem Alter beginne das Kind „mehr und mehr Wirkung und Ursache in seinem Tun, d. h. Zweck und Mittel seines Tuns zu unterscheiden. Diese *Unterscheidung von Zweck und Mittel, das ist der erste große Wendepunkt in der* [...] *seelischen Entwicklung des Menschen.* Aus dem Drange des Kindes zum Spiel ohne Ziel und Zweck wächst jetzt der Wille zum Regelspiel mit bestimmtem Ziel und Zweck, oder der Wille zur Beschäftigung mit Setzung eines Zweckes und schließlich der Wille zur Arbeit mit allen ihren Anstrengungs- und Selbstüberwindungskennzeichen.“[94] Immer wieder sehen wir also auch hier den Standpunkt, daß der Mensch zunächst ein Wollender werden muß; denn nur durch das Wollen und durch den Willen wird eigentlich die Welt erst geschaffen, in der Bildung sich ereignen kann. Freilich geht es im Unterschied zu DILTHEY nicht mehr um das Verstehen, sondern um das Tun. Insofern kann es sich, pädagogisch gesehen, nicht mehr um einen Auslegungszusammenhang als Aufgabe, sondern um einen Sollenszusammenhang als Zieldefinition handeln.

Auch bei LITT wird die „Sache“ zum Angelpunkt seines späteren pädagogischen Denkens. Nannte KERSCHENSTEINER die objektive Einstellung auf Werte sachlich, so spricht LITT von der „zur Sache gewordenen Natur“, und er versteht darunter „die Natur, wie sie sich jedem ihr zugekehrten denkenden Subjekt ohne Unterschied präsentiert. Sie kennt keine Rücksicht auf das persönliche Sein; in ihr ist jede den konkreten Menschen einbeziehende Bildung ausgelöscht.“[95] Es besteht aber keine Konkurrenz zwischen dem Menschen und der Sache. Diese Sache, um die es bei LITT geht, ist die Natur, sofern sie vom Menschen in ihrer Gesetzlichkeit erkannt worden ist; und nach dieser Sache hat sich der Mensch zu richten, ja mehr noch, er hat mit ihr zu konvergieren. „Wäre diese Vorstellung im Recht, dann wäre das, was wir [...] den ‚Willen zur Sache' nannten, nichts anderes als der Wille, sich in Vormundschaft der Sache zu begeben, sich zu ihren Gunsten der eigenen Initiative zu entschlagen; es wäre m. a. W., nichts Geringeres als – *die Abdankung* des Willens. Die Sache träte an die Stelle des Willens.“[96] Und so als ob ihm vor diesem Gedanken selbst Angst würde, schränkt LITT

93 Ebenda.
94 R. Kerschensteiner, a. a. O., S. 56.
95 Th. Litt, Das Bildungsideal der deutschen Klassik und die moderne Arbeitswelt. S. 94.
96 Th. Litt, Technisches Denken und menschliche Bildung. S. 35.

schleunigst ein, daß zu dieser Herausformung der Natur der Wille eines Ich gerade zunächst ja einmal gefordert ist, denn ohne den Willen zur Sache kommt die Sache, also die Natur, überhaupt nicht in den Blick. „Dieser Wille aber ist so ferne davon, zugunsten der Sache abdanken zu wollen, daß er nicht einen Augenblick in seiner Anspannung nachlassen könnte, ohne daß dem von ihm mobilisierten Denken die Sache aus dem Blick entschwände.“ [97]

Der „Wille zur Sache“ ist demnach wieder jenes Vermögen, durch das der Mensch sich zwar nicht die Sache unterwirft, womit er aber doch alles das unterdrückt, was eben der Sache in seinem Selbst hinderlich sein könnte. Insofern gibt es also keine Konkurrenz zwischen dem Menschen und der Sache, sondern eine Ergänzung. Es bleibt aber doch die Tatsache bestehen, daß ohne den Willen, auch wenn er ein „Wille zur Sache“ ist, nichts geht, eben auch Bildung nicht möglich ist. Nur solange der Mensch in dieser Sachlichkeit verharrt, bleibt er im Bereich der Humanität. Er scheidet dagegen automatisch wieder aus diesem Bereich aus, „sobald er von der Bemühung um die Sache zu den Anliegen zurückkehre, denen zuliebe er diese Bemühung auf sich genommen habe“. [98]

Letztlich ist also der „Wille zur Sache“ bei LITT wieder ein Verstehenszusammenhang, der nun allerdings nicht mehr aus dem Ternar Erlebnis-Ausdruck-Verstehen besteht, sondern aus dem Gesetz der Sache, das zusammen mit dem Willen zur Sache eine Art neuen Verstehenszusammenhang begründet. Anders ausgedrückt: Die moderne Arbeitswelt und ihre Technologie sind selbst in die Reihe der „Mächte der Erziehung“ aufgenommen worden, wobei für diese durch den Willen zur Sache allerdings ein neuer Verstehenszusammenhang begründet wird. Das Subjekt ist das Wesen, „welches nach Maßgabe der an der Sache erkundeten Naturgesetze handelt“. Aber über allem steht der „Wille zur Sache“, der „die Gesamtheit der Handlungen beseelen“ muß, „die stattfinden müssen, damit das theoretisch Erdachte und Geplante Wirklichkeit werde. Dieser Wille ist aber nur das, als was er mit diesem Namen bezeichnet wird, wenn er ein *freier* Wille ist. Sich nach der Sache zu richten, würde ein Wille nicht imstande sein, der der Freiheit der Betätigung ermangelte. Eben dies aber würde von einem Willen gelten, der ‚Naturgesetzen‘ unterstände. Daraus ergibt sich: Naturgesetze zu erkunden und nach Maßgaben von Naturgesetzen zu handeln, ist nur ein Subjekt imstande, dessen Willen seinerseits nicht wieder unter Naturgesetzen steht.“ [99] Denn der Wille, der nicht frei ist, ist ja nicht Herr eines

97 Ebenda, S. 36.
98 Ebenda. S. 48f.
99 Ebenda. S. 74.

Selbstes, sondern hätte nur mechanisch das auszuführen, was eben die Naturgesetze fordern. Immer wieder stellen wir dieses Denken fest, das sofort alle Menschlichkeit in Gefahr sieht, wenn nicht der Wille als herrschendes Prinzip seine Mächtigkeit zeigt und alle Dinge in seine Richtung lenkt. Das Ich erscheint immer wieder als manipulatorische Macht, von der alle Zielstellung und Zielfindung ausgeht. Das Ich tritt immer wieder sozusagen ins Mittel zwischen Mensch und Welt und zerstört dadurch den natürlichen Zusammenhang zwischen Ich und Welt, wie er durch das In-der-Welt-Sein thematisiert ist. Es bleibt unbestritten, daß LITT den grandiosen gedanklichen Versuch wagte, die moderne Technik und die Arbeitswelt in die Geisteswissenschaftliche Pädagogik zu integrieren, aber es darf auch nicht übersehen werden, daß damit an sich nur ein neues Kulturgut gefunden worden ist, über das nachzudenken sich lohnt, weil auch dieses zur Vollkommenheit des Menschen einen Beitrag leisten kann. Aber es geht nicht darum, die tägliche Arbeit als Kulturgut anzuerkennen und zu fragen, was es für die Bildung des Menschen abwirft, sondern es geht darum, wie der Mensch den Sinn seines Lebens erkennt und für sich und die Welt ein Verantwortlicher wird.

4.2

Die Position des Kritischen Rationalismus in der Pädagogik

Den Kritischen Rationalismus können wir in mancher Hinsicht als den direkten Nachkommen des geisteswissenschaftlichen Ansatzes verstehen, auch wenn er mit gewissen Ungereimtheiten der DILTHEYschen Position aufräumt. Stellen wir zunächst die wichtigsten Positionen heraus. Bemühten sich die Vertreter des geisteswissenschaftlichen Ansatzes überhaupt noch um einen universalen Sinn und glaubten sie auch an einen universalen Sinn der Geschichte, der sich freilich epochal differenziert und der mit Hilfe der Hermeneutik erschlossen werden kann, so lehnen die Vertreter des Kritischen Rationalismus gerade das ab. Wir sehen, daß dem geisteswissenschaftlichen Versuch letztlich kein Erfolg beschieden war, weil es einen auf den Willen gegründeten teleologischen Strukturzusammenhang nicht geben kann, wie die vorausgegangenen pädagogischen Erörterungen über Kultur und Zivilisation sowie Technik es gezeigt haben. Es hat also nach POPPER für eine wissenschaftliche

Methode gar keinen Sinn, sich mit einer Geschichte zu befassen, die es doch eigentlich gar nicht gibt: „Es gibt keine Geschichte der Menschheit, es gibt nur eine unbegrenzte Anzahl von Geschichten, die alle Aspekte des menschlichen Lebens betreffen.“[100] Und ALBERT schreibt: „Daß es so etwas wie ‚Verstehen‘ im Alltagserleben und in bestimmten oder sogar allen Bereichen der Erkenntnis gibt, ist denn auch wohl kaum je bezweifelt worden. Was zur Diskussion steht, ist im allgemeinen nicht diese These, sondern nur die jeweilige Charakterisierung dieses Verfahrens und die Behauptung, mit ihm eine besondere Methode der Erkenntnis aufgewiesen zu haben, die man bei den Verfechtern des methodologischen Autonomieanspruchs der Geisteswissenschaften findet, eine Methode, die dazu noch in bestimmten Hinsichten der naturwissenschaftlichen überlegen sei. Dieser Anspruch ist vor allem deshalb strittig, weil man bis in die letzte Zeit kaum je Versuche gefunden hat, die Logik dieses Verfahrens, das in verschiedenster Weise bezeichnet und beschrieben wurde – als Nacherleben, Nachvollzug, Hineinversetzen, Einfühlung, Auslegung usw. –, so zu rekonstruieren, daß man in der Lage gewesen wäre, zu sehen, inwiefern es überhaupt als Alternative zum Erklären zu betrachten ist und in Betracht kommt.“[101]
Es stellt sich natürlich sofort die Frage, warum man eigentlich nichts erklären und damit auch nichts verstehen kann. Verstehen setzt ja immer noch eine Art metaphysisches Prinzip voraus, wenngleich DILTHEY dieses schon – vielleicht noch nicht konsequent genug – verneint hatte. Tatsächlich geht es doch darum, daß es überhaupt noch etwas zu verstehen gibt. Das kann nur der Fall sein, wenn es ein einheitliches Prinzip gibt, von dem her etwas gedeutet werden kann. Dieses hatte DILTHEY darin gefunden, daß er eine gesellschaftlich-geschichtliche Wirklichkeit postulierte, die als Objekt des Willens immer in meinem Bewußtsein vorhanden ist.[102] Nehme ich dem Bewußtsein diesen Charakter, entfallen damit auch alle daran geknüpften Voraussetzungen. Es gibt dann ganz im Sinne des Kritischen Rationalismus nur Interpretationen, die keine allgemeine Gültigkeit haben, sondern die für den jeweils Interpretierenden „richtig“ sind und damit einen subjektiven Anspruch auf Gültigkeit haben. POPPER betont ausdrücklich, daß „jede Generation [...] ein Recht [hat], sich ihre eigene Interpretation zu bilden“.[103] Trotzdem können wir – und wir hatten ja behauptet, daß es einen direkten Zusammenhang zwischen dem geisteswissenschaftlichen Ver-

100 K. Popper, Die offene Gesellschaft und ihre Feinde. Bd. II. S. 334.
101 H. Albert, Traktat über kritische Vernunft. S. 136.
102 Vgl. Seite 52f.
103 K. Popper, a. a. O., S. 332.

fahren DILTHEYS und dem Kritischen Rationalismus gibt – auch Gemeinsames feststellen. POPPER hält ausdrücklich am sozialen oder öffentlichen Charakter seiner wissenschaftlichen Methode fest, die allerdings nicht als Quelle, sondern in den Ergebnissen festzustellen ist, d. h., sofern Wissenschaft so „organisiert" ist, daß sie diese Objektivität erbringen kann.[104] Wie kann sie das tun? Sie kann nur daran gemessen werden, welchen Fortschritt sie bringt, und dafür sind Fakten oder Tatsachen notwendig. Um diese „produzieren" zu können, bedarf es der Geschichte, der ein Sinn aus sich heraus abgesprochen worden war, doch einen Sinn zu geben, und sie erhält diesen Sinn eben durch unsere Entscheidungen, d. h. Setzungen. Daher gibt es im Kritischen Rationalismus einen Dualismus von Tatsachen und Entscheidungen, der nicht aufgehoben werden kann.[105] Hier sehen wir wieder die ganze, man möchte fast sagen katastrophale Bedeutung des Willens. Wir können nicht umhin, in diesem Zusammenhang von einer *Will*kürlichkeit zu sprechen, was ja soviel bedeutet, daß der Wille von sich aus eine Kür, eine Wahl vornimmt, deren Wertbasis subjektiv gesetzt ist. Insgesamt läßt sich feststellen, daß der Wille gleich mehrfach *will*kürlich ist. Zunächst ist er das, indem er in der Wertbasis einen Sinn setzt; bei einem Forschungsprojekt ist die Hypothese bzw. sind die Hypothesen von dieser sinnsetzenden Art. Aber auch die Ergebnisse sind subjektiv, obgleich hier gern der Begriff „intersubjektiv" von den Vertretern des Wiener Kreises (CARNAP) gebraucht wird, d. h., daß nur solche Aussagen als wissenschaftlich anzusehen sind, über die sozusagen zwischen allen Ichs Übereinstimmung erzielt werden kann. Die Intersubjektivität ist also durchaus als ein auf einem gemeinsamen Willen beruhendes Ergebnis zu verstehen; denn daß es zu einem solchen Ergebnis kommt, beruht auf den vorher schon gemeinsam anerkannten Prüfungskriterien. POPPER gebraucht statt „Intersubjektivität" lieber den Begriff „Selektivität", meint aber im Grunde dasselbe; denn eine Theorie ist immer nur vorläufig und niemals endgültig. In diesem Zusammenhang spricht er von einer Scheinwerfertheorie: „Was der Scheinwerfer sichtbar macht, das hängt ab von seiner Lage, von der Weise, in der wir ihn einstellen, von seiner Intensität, Farbe und so fort; es hängt natürlich auch weitgehend von den Dingen ab, die von ihm beleuchtet werden. In ähnlicher Weise hängt eine wissenschaftliche Theorie zum großen Teil von unserem Standpunkt, von unseren Interessen ab, und diese sind in der Regel mit der Theorie

104 Vgl. ebenda, S. 270.
105 Vgl. ebenda, S. 344f.

oder der Hypothese verbunden, die wir überprüfen wollen – aber sie hängt auch von den beschriebenen Tatsachen ab."[106]
„Intersubjektiv" bedeutet, im wesentlichen vom Standpunkt des Ich bzw. der Ichs aus zu sprechen, während „selektiv" bedeutet, mehr vom Gegenstand aus zu betrachten. Beide Begriffe setzen aber auch den Begriff „Wissenschaftlichkeit" mit Regelhaftigkeit gleich. Alles, was nicht mehr einer Regel untersteht, was nicht mehr als regelhaft intersubjektiv festgestellt werden kann, ist wissenschaftlich nicht trag- und haltbar. Das bedeutet letztlich, daß überhaupt nichts mehr haltbar ist; denn jedermann weiß, daß der Wissenschaftsfetischismus auch unter dem Volk weit verbreitet ist, so daß selbst die Auswahl eines Waschpulvers einer „wissenschaftlichen" Begründung bedarf. Alles, was dieser Auffassung von Wissenschaft nicht standhält, wird als ideologisch abgetan. Aber Wissenschaft entwertet sich auch selbst, wenn eine Theorie nur falsifiziert, nicht aber verifiziert werden kann; wenn also der selektive Charakter eines Blicks immer betont wird, dann liegt darin insofern eine Selbstentwertung von Wissenschaft, als natürlich gefordert werden kann und wird, daß im Sinne der Scheinwerfertheorie der Aspekt, unter dem eine Sache zu betrachten ist, öfter geändert werden muß. Eine intersubjektive Wissenschaft ist nun einmal nicht so viel wert, noch dazu wenn sie von sich selbst behauptet, nur selektive Arbeit leisten zu können.
Diesen Gesichtspunkt muß man auch beachten, wenn man nun den Kritischen Rationalismus in die Pädagogik bzw. in die Erziehungswissenschaft übertragen will. BREZINKA, einer der Hauptvertreter des Kritischen Rationalismus, fordert zwei Aussagesysteme, eines das er „erziehungswissenschaftlich" nennt und das er auf dem Kritischen Rationalismus bzw. der analytischen Philosophie aufbaut, und ein zweites, das Werturteile, Normen und Handlungsanweisungen enthält und das als Erziehungslehre oder als praktische Pädagogik eben nicht wissenschaftlich orientiert ist. „Als wissenschaftliche Erkenntnis sollen nur Aussagen gelten, deren Wahrheit festgestellt worden ist oder die bestätigt sind. Eine solche Feststellung oder Bestätigung setzt voraus, daß jede wissenschaftliche Aussage oder Aussagenmenge grundsätzlich intersubjektiv überprüfbar ist."[107] Es versteht sich nach dem Ansatz der analytischen Philosophie von selbst, daß nur Tatsachen aber keine Werturteile erhoben werden können. Nun verlangt aber BREZINKA, daß gerade der Teil, den er mit Erziehungswissenschaft bezeichnet und der also nach der analytisch-empirischen Philosophie vorgeht, „uns zur Erkenntnis der

---

106 Ebenda, S. 322.
107 W. Brezinka, Metatheorie der Erziehung. S. 18.

Welt verhelfen" soll, und das bedeutet mehr, „als bloß beschreiben, was ist und was geschieht oder was früher gewesen und geschehen ist. Es kommt darauf an, Gesetzmäßigkeiten zu entdecken und Theorien zu entwerfen, die als Grundlage für Erklärungen, für Voraussagen und für die Lösung technischer Probleme dienen können."[108] Es fragt sich nur, was BREZINKA hier unter dem Begriff „Welt" versteht. Wir gehen wohl in der Annahme richtig, daß darunter nur eine allgemeine Floskel zu verstehen ist in dem Sinne, daß jemand ein Kausalverhältnis als richtig erkennt. Nach allem, was wir im Vorausgegangenen schon gesagt haben, müssen wir hier den Vorwurf erheben, daß der Begriff „Weltvergessenheit" in einer ganz besonderen Weise zutrifft. Was hier als Ergebnis der Zweck-Mittel-Relation der analytischen Philosophie herauskommt, ist ja nicht, wie wir schon gesehen haben, die Welt, sondern ein zwar intersubjektiv nachprüfbares, aber nichtsdestoweniger selektives Bild von der Welt, aber eben nicht *die* Welt und schon gar nicht das In-der-Welt-Sein eines Ich. Das belegt auch BREZINKA und verwickelt sich sozusagen in einen Widerspruch insofern, als die Grenze zwischen den Setzungen des Ich (also des Willens) und der „Wirklichkeit" nie genau gezogen werden kann: „*Die Beziehungen zwischen Theorie und Erfahrung* sind indirekter Art. Eine realwissenschaftliche Theorie ist eine Konstruktion, d. h. eine gedankliche Schöpfung, die über das, was durch Beobachtungen erfahrbar ist, hinausgeht, andererseits aber auch wieder durch Rücksicht auf Beobachtungsergebnisse begründet werden muß. Gegen die Gefahr, daß eine Theorie willkürlich ist, kann man sich nur durch den Rückgang auf Wahrnehmungsaussagen schützen. Im Unterschied zum naiven Empirismus enthält die Beobachtung in der neueren Methodologie jedoch einen anderen Stellenwert. Während sie im Entdeckungszusammenhang nach wie vor als eine von mehreren Quellen für Einfälle und Hypothesen angesehen werden kann, wird sie im Begründungszusammenhang nicht mehr als Grundlage der Erkenntnis betrachtet, sondern als Hilfsmittel zur Prüfung von Hypothesen. Sie dient zur Kontrolle der theoretischen Konstruktion im Hinblick auf ihre Übereinstimmung mit der Wirklichkeit."[109]

Hier können wir nun gerade an das anschließen, was wir bei KANT[110] schon festgestellt hatten. Im Kritischen Rationalismus wird dessen Position weiter und zu Ende gedacht. Wir hatten festgestellt, daß bei KANT der Mensch aufgrund des Pflichtbegriffs in eine Position gebracht wird, die an der Wirklichkeit des In-der-Welt-Seins vorbeigeht. Er muß

---

108 Ebenda.

109 Ebenda, S. 135f.

110 Vgl. Seite 21ff.

vielmehr aufgrund einer Fiktion handeln, so als ob es die ganze Welt nicht gäbe. Für die Kritischen Rationalisten in der Erziehungswissenschaft wird jetzt also in Kauf genommen, daß man gar nicht von der Welt, sondern von einer Setzung des Ich ausgeht. Das heißt doch, daß das Konstrukt, das ich mir mache, ein Gesetz ist, das ich der Natur gleichsam vorschreibe.[111] Das läßt natürlich auch einen Rückschluß auf die Erfahrungen des Ich zu, das ein solches Konstrukt setzt. KANTS Gedanken gehen in diesem Punkt auf LOCKE zurück, der hinsichtlich der Erfahrung gelehrt hatte, daß diese eben nicht nur sinnliche Wahrnehmung ist, sondern daß der Verstand immer auch schon Beziehungen und Urteile setzt. Dadurch entstehen Konstrukte, die LOCKE auch „Generalia" und „Universalia" nennt. „Wenn wir somit die Einzeldinge beiseite lassen, so sind die Generalia, die übrigbleiben, nur *Schöpfungen, die von uns selbst stammen* [Hervorhebung durch den Verf.]. Ihr allgemeiner Charakter besteht in nichts anderem als in der ihnen vom Verstande verliehenen Fähigkeit, viele Einzelheiten zu bezeichnen oder zu vertreten. Denn ihre Bedeutung ist nichts weiter als eine Beziehung, die der menschliche Geist ihnen beigelegt hat."[112] LOCKE will also hiermit sagen, daß der Verstand sich selbst seine Daten macht bzw. machen kann „als Möglichkeit der *Einordnung* in einem umfassenden Unterscheidungszusammenhang und so der *Deutung* und Beherrschung des Gegebenen".[113]
Das mag für die Naturwissenschaften angehen, wird jedoch problematisch, wenn es auf den Menschen und die Humanwissenschaften, insbesondere auf die Pädagogik übertragen wird. Erziehung wird dann ebenfalls zu einem reinen Konstrukt, und ganz in diesem Sinne definiert auch BREZINKA seinen Erziehungsbegriff: „Erziehung nennen wir jene sozialen (d. h. auf Mitmenschen gerichtete) Handlungen, durch die Menschen versuchen, das Gefüge der psychischen Disposition anderer Menschen in irgendeiner Hinsicht dauerhaft zu verbessern oder seine als wertvoll beurteilten Komponenten zu erhalten."[114] Daraus geht hervor, daß zunächst einmal nur vom Menschen geplante (intentionale) Akte als Erziehung begriffen werden können. Es ist keine Rede mehr davon, wie es beispielsweise bei ROUSSEAU noch der Fall war, daß vor den Menschen eigentlich noch die „Natur" und die „Dinge" liegen, sondern der Mensch wird als der Datumsgeber, der Setzer der Ziele angesehen und auch eingesetzt, wobei zwei Einschränkungen vorgenommen wer-

---

111 Vgl. I. Kant, Kritik der reinen Vernunft. B 160 = Bd. 3. S. 154.

112 J. Locke, Über den menschlichen Verstand. Bd. II. § 11, S. 17.

113 F. Kambartel, Erfahrung und Struktur. Baustein zu einer Kritik des Empirismus und Formalismus. S. 19.

114 W. Brezinka, Erziehungsziele, Erziehungsmittel, Erziehungserfolg. S. 11.

den: einmal wird nur von „psychischen Dispositionen" und zum andern von der Verbesserung der als „wertvoll beurteilten Komponenten" gesprochen. Mit den „psychischen Dispositionen" ist nur *ein* Teilaspekt des Menschen getroffen und nicht der ganze Mensch, der nicht nur psychisch gesehen werden darf, sondern ganzheitlich gesehen werden muß, d.h., um nur einige Teilaspekte zu nennen, körperlich, seelisch, geistig. Eine Kuriosität ergibt sich, was die als „wertvoll beurteilten Komponenten" angeht. Wie kann ein analytisch-empirisches Verhalten eigentlich feststellen, da es doch wertfrei arbeitet, welche Komponenten „wertvoll" sind und welche nicht. Dieser letzte Vorwurf ist auch schon von anderen Autoren gegen BREZINKA erhoben worden.

Ausgeschlossen ist aus einem solchen Erziehungsbegriff alles Funktionale, und vor allem ist das Verhältnis von Erzieher und Edukand immer ein Zweck-Mittel-Verhältnis dergestalt, daß der Erzieher mit dem Edukanden etwas zu machen hat. Eine solche Vorstellung ist nur möglich, weil seit KANT immer mehr der Gedanke Raum gegriffen hat, daß alle Erziehung planmäßig, d.h. im Sinne einer Regelhaftigkeit sich entwickeln müsse.

Bei KANT hatten wir aufgezeigt, daß sein Pflichtbegriff nahezu neurotisch zu nennen sei, weil das Zweck-Mittel-Verhältnis und seine Entfaltung „more geometrico", wie es SPINOZA schon genannt hatte, also nach Art der Geometrie vor sich gehen. Das treibt der Kritische Rationalismus jetzt auf die Spitze. Vor allem wird – und das ist das eigentlich Bedenkliche bei BREZINKA – mit keinem Wort in seinem Erziehungsbegriff die Welt als Relation sichtbar. Für ihn wird das Kind in eine „bestehende Gruppe hineingeboren, die eine bestimmte Kultur besitzt. Es muß durch wachsende Anteilnahme am Leben, wie es ringsum abläuft, das für Menschen seiner Gruppe übliche Verfahren erst lernen."[115] Für BREZINKA, so scheint es, ist der Mensch nicht ein agierendes, sondern ein reagierendes Wesen. Bei einer Betrachtung aus dem engen Blickwinkel der Zweck-Mittel-Relation ist dies wohl auch folgerichtig. Jedes artifizielle Metasystem, das von einem Menschen erdacht wird, kann – folgt man hierin BREZINKA – zu einem Erziehungssystem werden, wenn es nur im Rahmen des Zweck-Mittel-Schemas steht. Es wird dabei völlig übersehen, daß man in der Pädagogik nicht alles tun darf, was man tun kann, weil es bestimmte Voraussetzungen für erzieherisches Handeln gibt, die darin liegen, daß der Mensch ein personales Wesen ist, das in der Welt lebt. Diese Vorgaben können auf keinen Fall übersprungen oder durch ein von Menschenhand gemachtes artifizielles Metasystem außer Kraft gesetzt werden, sonst sind die verheerenden Folgen weder zu

115 Ebenda, S. 55f.

übersehen noch aufzuhalten. Der Mensch ist kein Wesen, das nur Objekt ist, mit dem etwas angefangen und gemacht werden muß, sondern er ist ein Wesen, das von vornherein agiert und das auf Partnerschaft angelegt ist; Partnerschaft zur Welt und Partnerschaft zu einem Du. „Das Du demaskiert sich im Blick auf das fremde Ich. Es ist das Ich, das meinem Ich entgegengesetzt ist [...]."[116] Insofern ist das Dasein auf „Jemeinigkeit" (HEIDEGGER) angelegt, oder es verfällt von Anfang an in die Ausweglosigkeit des Man.

Das Dilemma wird ganz besonders an der Technologie deutlich, die der Kritische Rationalismus entwickelt, um seine Zweck-Mittel-Relation durchzusetzen. Danach muß immer ein Kausalzusammenhang zwischen dem gesetzten Ziel und den Mitteln, die man zu diesem Ziel verwendet, bestehen. Jedes Ziel muß also operationalisierbar und evaluierbar sein. Für BREZINKA ist es sogar das zentrale Problem der Erziehungswissenschaft. Er schreibt: „Wir wollen [...] wissen, ob ein kausaler Zusammenhang zwischen dem erzieherischen Handeln und den Lernvorgängen beziehungsweise Lernergebnissen im Schüler besteht [...]. Da das Interaktionssystem von Lehrenden und Lernenden einschließlich aller Faktoren, die ihr Erleben und Verhalten determinieren, unvorstellbar kompliziert ist, sind auf dem Wege zu einer Theorie der erzieherischen Wirkung enorme Schwierigkeiten zu überwinden. Sie werden um so größer, je mehr man sich im kognitiven Bereich von den einfachen Erziehungszielen den komplexen, von den kurzfristig erreichbaren den nur langfristig erreichbaren zuwendet. Noch mehr aber wachsen die Schwierigkeiten, sobald man vom kognitiven oder vom psychomotorischen in den affektiven Bereich übergeht."[117]

Hierzu muß man freilich anmerken, daß die Ziele den Menschen eigentlich nicht gerade determinieren, sondern ihn in eine immer größere Erschlossenheit stellen sollen. Aber das kann natürlich für die Voraussetzungen, die die analytisch-empirische Philosophie mitbringt, nicht gelten, denn sie will falsifizieren können und die Richtigkeit des Handlungszusammenhangs nachweisen, der in der Intersubjektivität und Selektivität der Ziele gelegen ist. Es ist mehr als fraglich, ob das wirklich die für den Menschen und sein Menschsein entscheidenden und einzigen Kriterien sein können. Gehen sie nicht vielmehr an der Wirklichkeit des menschlichen Lebens völlig vorbei, noch dazu dann, wenn BREZINKA es ohnehin für aussichtslos hält, die komplexe Wirklichkeit der Erziehungsziele zu erreichen? Empfiehlt er doch, sich auf „jene Ausschnitte der sozial-kulturellen Wirklichkeit einzuschränken, die dazu benützt werden

---

116 L. Gabriel, Existenzphilosophie: Dialog der Positionen. S. 267.
117 W. Brezinka, Erziehungsziele ... S. 83f.

können, um Erziehungsziele zu erreichen, weil sie entweder planmäßig herstellbar oder wenigstens beeinflußbar sind. Dazu gehören Handlungs-Systeme und Soziale Systeme (Institutionen)."[118] Damit behauptet Brezinka, daß es schwierig, wenn nicht unmöglich ist, hochkomplexe Erziehungsziele zu operationalisieren, und er empfiehlt daher eine Bescheidung auf sozio-kulturelle Systeme, was eine Verdoppelung des Metasystems bedeutet, wenn wir den Kritischen Rationalismus ohnehin schon als Metasystem ansehen: Das ist gleichzeitig eine doppelte Umgehung der Wirklichkeit der Welt. Bezugssystem ist in einer auffallend starken Weise die Gesellschaft; daher können wir auch nicht von Erziehung, sondern müssen von Sozialisation sprechen (vgl. Seite 37ff). Diese unsere Feststellung bekräftigt die Aussage von Rössner: „Mit dem Bezug auf das Soziale ist des weiteren angedeutet, daß die Prozesse der Sozialisation, die ein Individuum realisiert, auf *externe Elemente* der individuellen Sozialisation bezogen sind, die in die interne Situations- bzw. Informationsverarbeitung (des Lernens) mit einbezogen werden."[119]

Der sozialisierende Charakter der Erziehungsziele bei Brezinka kann auch nicht darüber hinwegtäuschen, daß er zwischen „Erziehungszielen" und „politischen Zielen" zu unterscheiden versucht. Dabei stellt er fest, daß es sich bei den „Erziehungszielen" um „ideale Zustände der Persönlichkeit" handelt, „bei den politischen Zielen" aber um „ideale Zustände der Gesellschaft". Die von ihm aufgeführten Beispiele kennzeichnen dabei Zustände, die für die Gesellschaft von Bedeutung sind. Wenn Brezinka z.B. „demokratische Gesinnung" als Erziehungsziel darstellt, so ist das zwar eindeutig ein Ziel, das einen internen Zustand des Individuums meint, dieser aber betrifft doch letztlich die Gesellschaft.

Brezinka mokiert sich über die in der Vergangenheit gängigen Erziehungsziele, wie z.B. „Erziehung zur Mündigkeit", „Erziehung zur Demokratie" u.a., und meint, dies seien nur Kataloge von wünschenswertem Verhalten, aber keine Erziehungsziele und deshalb müsse aus dem „Chaos vorhandener und möglicher Ideale" im Sinne eines zweckrationalen Handelns, also eines, wie er es nennt, „metatheoretischen Systems", eine Auswahl getroffen werden.[120] Man fragt sich, mit welchem Recht er sich über einen derartigen Katalog lustig macht, selbst wenn dieser dem Erzieher kein Mittel in die Hand geben kann, wie er diese Ziele erreichen soll. Aber hat denn nicht die Geschichte bewiesen,

---

118 Ebenda. S. 84.
119 L. Rössner, Einführung in die analytisch-empirische Erziehungswissenschaft. S. 68.
120 W. Brezinka, Grundbegriffe der Erziehungswissenschaft. S. 221.

daß man auch ohne ein Metasystem, wie es der Kritische Rationalismus darstellt, diese Ziele erreichen kann? Natürlich sind sie nicht in allen Fällen erreicht worden, weil mit jedem Menschen, der geboren wird, alle Probleme von vorn beginnen. Zugegeben, wenn die Lehr- und Erziehungspläne der Vergangenheit auch mehr Wunschkataloge gewesen sind, so drückt sich in diesen Wünschen eben das aus, was alles den Menschen im Laufe der Erziehung in Anspruch wird nehmen müssen. Der Mensch ist nämlich ein Wesen – und hier besteht der grundsätzliche Unterschied zwischen der Auffassung vom Menschen, wie sie der Kritische Rationalismus vertritt, und unsere Auffassung –, das in einer Offenheit und Erschlossenheit steht. Deswegen braucht er keine *abprüfbaren* und *quantifizierbaren* Erziehungsziele, sondern das, was da als Erziehungsziele deklariert wird, muß in den Horizont des Denkens gebracht werden, das nicht der Mensch aufbringt, sondern von dem er aufgebracht wird. Die analytisch-empirische Methode sieht den Menschen dagegen in einem geschlossenen System stehend, in einem Metasystem, aus dem er auf keinen Fall ausbrechen darf, denn das „soziale System" – wie BREZINKA es nennt (gemeint ist in Wirklichkeit die Gesellschaft) – könnte sonst daran Schaden leiden. Insofern sind die Erziehungsziele der Kritischen Rationalisten determinierende Ziele, weil sie ein Limit aufzeigen, auf das hin die „Dressur" angesetzt werden soll. Ein nicht operationalisiertes Lernziel dagegen setzt den Menschen immer schon von vornherein in ein verantwortliches Verhältnis zur Welt und den Mitmenschen.

4.3

Curriculare Erziehungstechnologie

Der Kritische Rationalismus hat nun in der Pädagogik im Laufe seines kurzen Bestehens recht merkwürdige Blüten hervorgebracht. BREZINKA hat die pessimistische und – man muß schon sagen – menschenverachtende Auffassung vertreten, daß wir „die Zukunft unserer Gesellschaft nicht dem Zufall" überlassen können. „Wenn wir unsere Kinder nicht bloßem Gutdünken ausliefern wollen, dann muß auch die Erziehung rational geplant und durchgeführt werden."[121] Pessimistisch ist diese These insofern, als sie von der Voraussetzung ausgeht, daß der Mensch

121 Vgl. W. Brezinka, Von der Pädagogik zur Erziehungswissenschaft. – Vorschläge zur Abgrenzung. S. 330.

alles das, was er im Leben braucht, gelernt haben muß. Was er dann nicht gelernt hat, hat er auch nicht zur Verfügung. Dagegen behaupten wir, daß der Mensch nur ein Bruchteil von dem, was er im Leben „braucht“, lernen kann und lernen muß. Wir wollen damit der materialen Bildungstheorie keine formale entgegensetzen. Der Mensch ist kein Wesen, das bestimmte Kräfte hat und entwickeln muß, aber er muß vom Denken in Anspruch genommen worden sein. Alle Erziehung hat also die Aufgabe, ihn in den Kreis des Denkens zu bringen. Dazu bedarf es natürlich einer ganzen Reihe von Denkanstößen materialer und formaler Art. Aber wenn ihn das Denken erst einmal erfaßt hat, wird es ihn nicht mehr loslassen und ihn möglicherweise zu Ufern treiben, die nicht vorauszusehen sind und auch nicht bestimmt werden können. Dazu bedarf es einer pädagogischen Grundlegung, die eben mehr ist als nur eine Selbstinterpretation und Auslegung der Gesellschaft. Das ist keine unzulässige Ontologisierung, sondern einfach eine menschliche Grundtatsache. Wer diese leugnet, verkennt schlechthin das Wesen des Menschen, der darauf angelegt ist, sich selbst zu transzendieren, was man natürlich nicht empirisch nachweisen kann. Aber hier dürfen wir vielleicht die Scheinwerfertheorie POPPERS für uns ins Feld führen. Dort, wo des Menschen Blick nicht hinfällt, kann er auch nichts sehen, doch jeder Blick ist horizonteröffnend und sinnerweiternd.
Eine Frucht des Kritischen Rationalismus ist zweifellos das curriculare Denken, das nun alle diese Gedanken in die pädagogische, d. h. vor allem in die didaktische Praxis zu übersetzen versucht hat. In Gestalt des curricularen Systems hat man versucht, eine exakte Technologie zu entwickeln, wie sie der Kritische Rationalismus verlangt. Freilich hat sich schon bald gezeigt, was auch BREZINKA schon vermutet hat, daß die Ansprüche nicht zu hoch geschraubt werden dürfen, denn die mathematischen Verhältnisse, wie sie in der Naturwissenschaft herrschen, können nicht einfach auf ein anderes Gebiet übertragen werden. BREZINKA spricht von Unterschieden im Gegenstandsbereich der Realwissenschaften, die den Grad der Exaktheit unter Umständen mindern.[122]
Das Schwierigste ist das Wertbasisproblem. Da der Kritische Rationalismus selbst keine Werte setzen kann, versucht man im Rahmen der Curriculumentwicklung doch wenigstens Determinanten zu nennen, nach denen die Wertentscheidungen stattfinden sollen. In den USA hat man Entscheidungsprozesse in Gang zu bringen versucht und ließ – dabei werden wir wieder ganz in unserer Auffassung bestätigt, daß hier Metasysteme zusammengebastelt werden, die eigentlich am Menschen vorbeigehen – sogenannte decission makers, die natürlich unter politi-

122 Vgl. ebenda, S. 452.

schen Bedingungen agieren, Entscheidungen über die Ziele finden. Bei den Entscheidungen gibt es nach HUHSE folgende Determinanten:

1. Das „von den Wissenschaften kategorisierte Wissen und Kulturgut" muß berücksichtigt werden.
2. Die Anforderungen und Bedürfnisse der Gesellschaft müssen berücksichtigt werden.
3. Auch dem Individuum und seinen Bedürfnissen muß Rechnung getragen werden.[123]

Es bleibt dabei immer noch die Frage, welcher von den drei Determinanten die Priorität zukommen soll. Dieses Problem ist ohne Wertentscheidungen unmöglich zu lösen. Entweder müssen hier einfach Entscheidungen per Setzung getroffen werden, was wieder ein Akt der Willkür wäre, oder man muß, wie man es beispielsweise in Hessen versucht hat, mit Hilfe von demokratisch-legitimierten Entscheidungsprozessen solche Wertentscheidungen herbeiführen. Man kann aber über die Ziele und Prioritäten nicht einfach eine Volksabstimmung veranstalten. In Hessen hatte man versucht, ein möglichst breit zusammengesetztes Gremium Wertentscheidungen über Inhalte und Curricula festsetzen zu lassen. Hier stelltsich sofort die Frage nach der Legitimation: War die Auswahl nicht vielleicht doch willkürlich oder parteipolitisch befrachtet? MENZE hat in einem außerordentlich wichtigen Beitrag hervorgehoben, daß auch die Logik der Entscheidung nicht einfach zu Hilfe genommen werden kann. „Die Planung der Anwendung der Logik der Entscheidungen zwingt [...] zu einer genauen, stufenweise sich aufbauenden Hinsicht auf das Problem und auf die Schritte zu einer Lösung. Aber die Grenzen der Entscheidungslogik als eines freien technischen Verfahrens zum Durchspielen von Handlungsalternativen bei festgelegten Zielen liegen darin, daß sie zwar als Entscheidungshilfe dienlich ist, aber selbst keine Entscheidungen treffen kann, sondern immer schon getroffene Entscheidungen voraussetzt. Die voraus- und zugrundeliegende Grundentscheidung kann durch keine Entscheidungslogik ermöglicht werden. Darüber hinaus beruht ihre Verwendung auf der Voraussetzung, daß der Sachverhalt in den für die Entscheidung belangvollen Faktoren sehr genau und nahezu vollständig beschrieben ist, daß alle ‚wesentlichen' Bedingungen bekannt und aufgeführt sind, daß schließlich eine endliche Zahl von Lösungsmöglichkeiten vorliegt, die in einer Rangordnung nach dem Maße des zu Erstrebenden vorgestellt werden kann."[124]

---

123 Vgl. W. Huhse, Theorie und Praxis der Curriculum-Entwicklung. S. 180fff. Vgl. auch W. Braun, Grundfragen der Curriculum-Forschung und Lehrplanreform.

124 C. Menze, Überlegungen zur Anwendungsmöglichkeit der Entscheidungslogik auf die Curriculum-Konstruktion. S. 24.

Jedes mathematische Verfahren, wie es die Entscheidungslogik darstellt, wäre eine Willkürlichkeit, wenn eine mathematische Formel auf das Verhältnis des Ich-bin-in-der-Welt angewandt würde. Wir sehen immer wieder, wie einfach ein gedankliches Konstrukt über das Ich wie auch über das In-der-Welt-Sein dieses Ich, das doch dynamisch ist und nicht mathematisch ausgedrückt werden kann, gestülpt wird. Zwar gibt es im naturwissenschaftlichen Bereich sicher auch eine mathematische und damit statische Formel, die Welt zu erklären, aber diese mag für reine Kausalverhältnisse gelten, nicht aber auf den Menschen anwendbar sein. Mit allen Gedankengängen, die auf einem solchen Metasystem beruhen, wird nur die reine Willkür in die Pädagogik eingeführt. Aber ist nicht gerade die Tatsache, daß fixe Punkte überhaupt gesetzt werden, der Beweis dafür, daß hier Ordnung geschaffen wird, daß eine Ordnung, auch wenn sie nur ein gedankliches Konstrukt ist, besser ist als keine Ordnung? Darauf kann man nur antworten, daß alle diese sogenannten Ordnungen, eben weil sie nur selektiv sind, das Verhältnis des In-der-Welt-Seins des Menschen in einer Art und Weise thematisieren, daß viel Menschlichkeit verlorengeht. Und wenn Menschlichkeit verlorengeht, geht immer auch Sinn verloren, vor allem individueller und personaler Sinn, der nicht gegeben, sondern nur gefunden werden kann. Die Welt, in die der Mensch hineingeboren wird, ist kein Chaos; jeder kann seinen individuellen und personalen Sinn selber finden. Wer statt dessen den Sinn von außen bestimmen will, gleitet immer wieder ab in politische und gesellschaftliche Bereiche, die erst an zweiter und dritter Stelle kommen. Er bestreitet auch, daß der Sinn einer Sache aus ihr selbst zu ersehen ist und nicht erst in einem artifiziellen Verfahren beigegeben werden muß.[125] In Hessen, wo man beispielsweise den Versuch machte, alle Lernziele auf die Leitidee „Emanzipation" hin auszurichten, hat sich übrigens gezeigt, daß es nicht möglich ist, diese Idee mit einem gemeinsamen Inhalt zu füllen und wenigstens operationalisierbare Nahziele zu erstellen, was man an sich intendiert hatte. So heißt es z. B. in einem Arbeitspapier: „Emanzipation ist zunächst auch ein leerformelhaftes Wort [...]. Es bleibt, auch wenn wir eine Umformulierung im Sinne von Lernzielaussagen vornehmen (z. B. die Schüler sollen lernen, sich emanzipiert und emanzipatorisch zu verhalten) eine Leerformel und damit der willkürlichen inhaltlichen Bestimung überlassen oder doch wenigstens vieldeutig. Damit besteht die Gefahr, daß zwischen Lernzielen, Inhalten und Lernbereichen (Fächern) und dem obersten Prinzip – der Leitidee – dort sich der bisher bei Bildungs- und Lehrplänen feststellbare Bruch

125 Vgl. W. Braun, Die behavioristische Einengung des derzeitigen curricularen Ansatzes.

wieder auftut. Das Problem heißt also: welche rationalen Wege gibt es, um das Wort Emanzipation inhaltlich aufzufüllen? Der weitere Schritt ist selbstverständlich die Frage: kann eine solche inhaltliche Auffüllung akzeptiert werden, d. h. ist ein Consensus der an der Herstellung neuer Bildungspläne Beteiligten möglich, der es verhindert, daß eine lediglich formale Fortschrittlichkeit durch die Deklamation der Leitidee Emanzipation vorgespiegelt wird?"[126] Daraus wird deutlich, daß man die Gefahr im rein Formalen zu bleiben zwar gesehen hat, aber offensichtlich nicht in der Lage war, ihr genug zu steuern. Man hat wohl nicht gesehen, daß man der Formalisierung, die immer auf eine Leerformelhaftigkeit eines Begriffs hinausläuft, nicht dadurch beikommen kann, daß man nur rationale Wege sucht, um den Begriff der Emanzipation inhaltlich aufzufüllen. Denn rationale Wege müssen immer stärker in die Leerformelhaftigkeit führen, wenn man nicht gleichzeitig im affektiven Bereich die notwendigen Maßnahmen treffen kann. Hier wird übrigens eine crux der ganzen pädagogischen Technologie deutlich: Der affektive Bereich, der der personalen Sinngebung dient, ist hoffnungslos zurückgeblieben gegenüber einem stark aufgeblähten kognitiven Bereich. Die Unmittelbarkeit allen menschlichen In-der-Welt-Seins und Handelns ist aufgehoben, wird in einer geradezu neurotischen Weise gestört, da eine solche Erziehung immer wieder auf die Hülse sieht anstatt auf den Inhalt. Im übrigen könnte man noch anmerken, daß es ungeklärt ist, ob der Begriff „Emanzipation" als die oberste Leitidee eigentlich mehr von der Wissenschaft oder mehr von der Gesellschaft oder gar mehr vom Individuum gesehen wird. Mit welchen Inhalten soll er gefüllt werden? Oder ist der Emanzipationsbegriff eine Leitidee, die allen drei Determinanten gleichzeitig entspricht? Im US-amerikanischen Raum ist das Verhältnis von Wissenschaft und Gesellschaft (Kultur) unproblematisch. Dort geht man offenbar davon aus, daß beide miteinander gleichzusetzen sind, so daß man von einer Wissenschaftskultur sprechen kann.[127] Daß darüber keine Reflexionen stattgefunden haben, ist übrigens wieder eine jener typischen Unklarheiten, die das analytisch-empirische Konzept offenbar in seinem Kern enthält. Das nähere Verhältnis der Determinanten zueinander bleibt somit unbestimmt, und die Frage nach der Welt kommt überhaupt nicht in den Blick. Insofern kann man das technologische Modell an seinen eigenen Forderungen messen und muß dann feststellen, daß es diese nicht einhält, denn das erste in einem Metasystem ist doch gerade die begriffliche Klarheit, ganz besonders in der Zweck-Mittel-Relation.

---

126 Mitteilungen der Kommission zur Reform der Hessischen Bildungspläne. S. 1f.
127 Vgl. W. Huhse, a. a. O., S. 138.

Nur scheinbar lebensnäher ist die Konzeption von ROBINSOHN. Er stellt seine Technologie nicht in den Dienst einer oder mehrerer abstrakter Ideen, wie z. B. der Emanzipationsbegriff eine ist, sondern er versucht sozusagen von unten her in einem Entscheidungsverfahren besonderer Art solche Leitideen zu finden. Dabei muß man zunächst einmal wissen, was für ihn „Erziehung" ist. Erziehung ist für ROBINSOHN eine „Ausstattung zur Bewältigung von Lebenssituationen". Sie geschieht, „indem gewisse Qualifikationen und eine gewisse ‚Disponibilität' durch die Aneignung von Kenntnissen, Einsichten, Haltungen und Fertigkeiten erworben werden". Für die Curriculumforschung ergibt sich damit folgende Aufgabe: „Methoden zu finden und anzuwenden, durch welche diese *Situationen* und die in ihnen geforderten Funktionen, die zu deren Bewältigung notwendigen *Qualifikationen* und die *Bildungsinhalte* und *Gegenstände*, durch welche diese Qualifizierung bewirkt werden soll, in optimaler Objektivierung identifiziert werden können." [128]
Zu diesem Zweck will ROBINSOHN Kriterien, Verfahrensweisen und Instanzen ermitteln bzw. bestimmen, die diese Qualifikationen finden können. Dabei gibt auch er drei Determinanten an, die für die Auswahl von Bildungsinhalten bedeutsam sind:

„1. Die Bedeutung eines Gegenstandes im Gefüge der Wissenschaft, damit auch als Voraussetzung für weiteres Studium und weitere Ausbildung.
2. Die Leistung eines Gegenstandes für Weltverstehen, d.h. für die Orientierung innerhalb einer Kultur und für die Interpretation ihrer Phänomene.
3. Die Funktionen eines Gegenstandes in spezifischen Verwendungssituationen des privaten und öffentlichen Lebens." [129]

Uns scheint es geradezu absurd, sich auf die Suche zu machen, um Situationen, in denen doch der Mensch immer steht und in die er täglich erneut kommt, sozusagen einfangen zu wollen, um sie festzulegen. Es zeigt sich immer wieder, daß Welt, Kultur bzw. Gesellschaft gleichgestellt werden, was unzutreffend ist; denn die Welt ist ein früherer Bedeutungszusammenhang als die Kultur oder die Gesellschaft, die beide erst von der Welt her ihre Legitimation empfangen. Wer die Welt aber mit Kultur und Gesellschaftssystemen gleichsetzt, geht von der fehlgeleiteten Annahme aus, daß Welt auf der einen Seite und Kultur und Gesellschaftssysteme auf der anderen Seite gleichzeitig miteinander und damit einander ebenbürtig sind, was in dieser Form irrig ist. Man kommt zunächst zur Welt, und dieses Zur-Welt-Kommen stellt den Menschen in

---

128 S. B. Robinsohn, Bildungsreform als Revision des Curriculum. S. 45.
129 Ebenda, S. 47.

eine Erschlossenheit, wie wir es genannt haben, womit vor allem das Einbezogensein in Denken und Wahrheit gemeint ist. Kein Tier kommt in diesem Sinne „zur Welt", sondern bleibt wie es UEXKÜLL schon ausdrückt, ein Wesen der Umwelt. Das Tier braucht deswegen keine Erziehung, sondern man kann ihm allenfalls noch einige Dressur angedeihen lassen. Die Dressur ist das eigentlich Technologische, die nun in jedem Versuch, eine Erziehungstechnologie zu begründen, wieder auf den Menschen angewandt wird. Das Tier hat natürlich auch keine Kultur, aber doch nur deswegen nicht, weil es auch keine Welt hat, und sie ist das Vorangegangene. So kann man sagen, daß es eine allgemeine Mündigkeit für die Welt gibt, aber eine spezielle Mündigkeit für eine Kultur. Der Satz ROBINSOHNS, daß der Mensch nicht mündig gemacht werden soll *für* eine Kultur, sondern mündig werden soll *in* einer Kultur[130], zeigt also schon die anthropologische Zurücknahme des Wesens Mensch auf die Kultur als das Eigentliche und Letzte. Aber ist nicht die Tatsache, daß wir uns in verschiedenen Kulturen zurechtfinden können, ein Hinweis auf eine grundsätzlichere Mündigkeit, die das Menschsein immer schon bereithält und die nicht mit Hilfe einer pädagogischen Technologie erworben werden muß? Das zeigt nur immer wieder, daß die eigentlichen gesellschaftlichen Probleme und Fragestellungen absolut gesetzt werden. Die Erschlossenheit ist schon eine qualificatio ad rem, was wir mit Sachlichkeit gleichsetzen. Die res ist die Welt, aber nicht unbedingt auch die Gesellschaft und die Kultur; was uns umtreibt, ist die Sachlichkeit. Der Mensch wird vieles für die Gesellschaft und die Kultur lernen müssen, aber er braucht keine Qualifikationen, die ihn determinieren, sondern Qualifikationen, die ihn öffnen, ihn in immer größerem Umfang ins Offene stellen.

Dazu ein Beispiel: Ein Medizinstudent hat in seinem Studium nicht nur bestimmte Funktionen zu erlernen, die ihn qualifizieren, später einmal Arzt zu sein. Die Funktionen haben nicht Selbstzweck, sondern sind ein Mittel zu dem Zweck, daß er tiefere Einsichten gewinnt, daß er immer tiefer in das medizinische Denken hineingerät, um gewisse therapeutische Situationen bei Patienten zu erfassen; denn bei jedem Patienten ist die therapeutische Situation aufgrund seiner Konstitution eine andere. Daß er dazu bestimmte Handgriffe und Funktionen nötig hat, versteht sich von selbst, aber sie sind nicht das Letzte und Entscheidende, sondern sie sind nur Mittel zum „Zweck".

---

130 Vgl. D. Knab, Konsequenzen der Curriculum-Problematik im Hinblick auf Curriculumforschung und Lehrplanentscheidung in der Bundesrepublik. In: Probleme der Curriculum-Forschung. J. Speck (Hrsg.). S. 24.

Jetzt zeigt sich eine „Zweck-Mittel-Relation" in einer ganz anderen Form und auf einer ganz anderen (höheren) Ebene: Das Erwerben von Qualifikationen dient doch nur dazu, daß eine immer größere Offenheit des Denkens erreicht wird, eine immer größere Erschlossenheit der Welt, oder eines bestimmten Teiles der Welt – in unserem Beispiel des kranken Menschen. Der Mensch verhält sich somit nicht, indem er erlernte Funktionen anwendet, sondern indem er handelt im Rahmen einer Gesamtsituation. Dieser Vorwurf gegen die Zweck-Mittel-Relation wird auch dann aufrechterhalten, wenn von den Vertretern des Kritischen Rationalismus bzw. von den Curriculumtheoretikern der Versuch gemacht wird, die ganze Problematik abzumildern, indem man sagt, die operationalisierten Erziehungsziele stellten doch nur Dispositions- und nicht Verhaltensbegriffe dar. Man wollte gar nicht zu einem bestimmten Verhalten erziehen, sondern nur zu einer Verhaltens-„disponibilität"; Verhaltensbegriffe seien also Dispositionsbegriffe. Mit einer Disponibilität ist doch eine Verfügbarkeit gemeint. Wie man auch immer diese Disponibilität inhaltlich bestimmen mag, sie steht im krassen Gegensatz zu unserer Position, die wir mit „Inanspruchnahme" charakterisiert haben.[131] Allein seine Erschlossenheit zur Welt ist die „Disponibilität", die ein Mensch erlangen kann. Sie kann nicht durch die Operationalisierung irgendwelcher abstrakter Lernziele erworben werden. Auch ist eine „Evaluation" nur im Rahmen dieser schon genannten Erschlossenheit möglich. Sie kann letztlich nicht die Funktion prüfen, sondern immer nur die Fähigkeit, d. h., inwieweit jemand einer Aufgabe entsprochen hat. Das ist keine Leistung des Ich, sondern die Frage, wie sehr sich jemand von einer Sache hat in Anspruch nehmen lassen, wieweit es ihm gelungen ist, den Rahmen seines Mundanseins auszufüllen mit dem Sinn, der sich ihm gezeigt und eröffnet hat.

Man kann aber auch noch von einer ganz anderen Seite her gegen das curriculare Konzept Bedenken anmelden, in der Richtung etwa, in der Rumpf Kritik übt. Er sieht – unseres Erachtens zu Recht – darin eine „Dominanz der Verhaltenskategorien über Inhaltskategorien"[132]. Rumpf geht vor allem von der Formel über das „Endverhalten" von Mager aus. Dieser schreibt: „Das Endverhalten ist definiert durch: a) Bestimmung und Bezeichnung des beobachtbaren Verhaltens, das als Zeichen dafür gelten kann, daß der Lernende das Lernziel erreicht hat; b) Beschreibung der notwendigen Bedingungen (erlaubte und verbotene

---

131 Vgl. W. Brezinka, Grundbegriffe der Erziehungswissenschaft. S. 119; D. Knab, Konsequenzen der Curriculum-Problematik ..., a.a.O., S. 23f.

132 H. Rumpf, Inhaltsneutrale Konzepte von Lernzielen. In: Lernziele und Erfolgskontrolle. Boeckmann, K. (Hrsg.). S. 46.

Hilfsmittel), aufgrund deren Verhaltensweisen auszuschließen sind, die nicht als Zeichen für den Lernerfolg gelten sollen."[133]

Es ist richtig, daß diese evaluierbaren Lernziele dadurch, daß sie auf bestimmte Handlungen gerichtet sind – oder sagen wir: daß sie ganz allgemein Aktivitäten darstellen, denn nur diese sind abprüfbar –, so formalisiert sind, daß die Inhalte überhaupt nicht mehr in Erscheinung treten.

Auch hierzu ein Beispiel aus dem Leselernprozeß: Zur Abprüfung des Lernziels „Lesefertigkeit" bedarf es im Grunde überhaupt keiner Diskussion mehr darüber, mit welchen Buchstabenkombinationen und Wörtern dieses Endverhalten erreicht wird. Ob das mit dem Satz „Mama ist lieb" oder „Der Dieb ist lieb" geschieht, ist an sich völlig gleichgültig. Und doch wird jeder leicht einsehen, daß es eben für die „Gesinnung" der Edukanden einen ganz erheblichen Unterschied macht, ob ich das sogenannte Endverhalten an „Mama ist lieb" oder „Der Dieb ist lieb" erreiche. Es wird keinem Vater oder keiner Mutter gleichgültig sein, mit welchem der vorgeschlagenen Sätze ein Kind das Lesen lernt, weil mit dem im Endverhalten abprüfbaren Techniken doch auch – ob gewollt oder ungewollt – Inhalte mittradiert werden, die auf das faktische In-der-Welt-Sein des Menschen ausgerichtet sind, die aber nun plötzlich gar keine Rolle mehr spielen sollen.

Es ist richtig, wenn RUMPF feststellt: „Die Vernachlässigung der inhaltlichen Dimension zu Gunsten der Verhaltensdimension schafft trügerische Hierarchien. Das ist deshalb folgenreich, weil aus diesen Hierarchien Vorschriften für das Lehrverfahren – für die Abfolge der Lernschwierigkeiten, Lernschritte, Lernhilfe also – abgeleitet werden."[134] Aber wir müssen auch noch die Frage beantworten, warum das eigentlich so ist und auch so sein muß. Hier wird nämlich in einer ganz einzigartigen Weise deutlich, daß man das In-der-Welt-Sein nicht einfach in zwei Teile zerreißen kann. Welt ist immer ein Ganzes, das sich nicht aus Fakten auf der einen und Werten auf der anderen Seite zusammensetzt. Vernachlässigt man diesen Aspekt des Ganzen trotzdem, kann man eigentlich nicht mehr vom In-der-Welt-Sein sprechen, sondern der Mensch ist dann allenfalls in einer „Umwelt" gesehen – wir gebrauchen hier die Begriffe ganz in dem Sinne, wie sie von SCHELER und UEXKÜLL gebraucht worden sind – als Reiz-Reaktionswesen. Wer um diesen Preis Lernziele formuliert, operationalisiert und evaluiert, treibt die Technologie auf eine derartige Spitze, daß der Mensch in Gefahr gerät, auf die Stufe des Tieres zurückzufallen.

---

133 R. F. Mager, Lernziele und programmierter Unterricht. S. 43.

134 H. Rumpf, Inhaltsneutrale Konzepte von Lernzielen, a.a.O., S. 51.

Nun muß man der Gerechtigkeit halber sagen, daß nicht alle Lernzieltheoretiker auf die inhaltliche Seite so wenig Wert legen. So weist RUMPF darauf hin, daß GAGNÉ die Taxonomie von BLOOM genau deswegen kritisiert, weil BLOOM eben auch noch die Inhalte sieht: „Das technologische Interesse, das bei GAGNÉ hinter dieser Reinigung steht, wird aus folgender Rechtfertigung seines Lernzielkonzepts deutlich: ‚Beabsichtigt ist nichts weniger als die Festlegung bestimmter Klassen von Endverhalten, von denen jede – ohne Rücksicht auf dessen spezifischen Inhalt – eine besondere Reihe von Implikationen für die Lernbedingungen zu ihrer Erreichung mit sich bringt.‘ Das heißt: Die formal bestimmten Endverhaltenstypen ermöglichen generalisierende Aussagen über formal zu bestimmende Typen von Lernbedingungen, die zu diesen Endverhaltensweisen führen: Es muß Lernbedingungen geben, die für Begriffslernen, Regellernen, Problemlösestrategien optimal effizient sind – und zwar gänzlich unabhängig von der inhaltlichen Qualität der Begriffe, Regeln, Probleme, um die es geht."[135] Damit aber wird auch gesehen, daß der Mensch und sein In-der-Welt-Sein sich nicht nur aus diesen Lernbedingungen zusammensetzen, sondern vor allem aus Haltungen bestehen. Doch darüber mehr in einem der nächsten Kapitel.
Somit wird im Rahmen der technologischen Pädagogik selbst aufgezeigt, daß das „Endverhalten" eigentlich nicht das sein kann, was den Lehrer und Erzieher zufriedenstellt, sondern daß mit dem sogenannten Endverhalten die Problematik des menschlichen In-der-Welt-Seins erst beginnt. Wir könnten es ganz einfach so umschreiben: Immer ist der Mensch ein suchendes und fragendes Wesen, das alle Phänomene neu in *seine* Welt einordnen muß und das sich niemals damit zufrieden gibt, daß es etwas „geordnet" vorgesetzt bekommt.

4.4

Intersubjektive Kommunikation als Primärziel jeder Erziehungstechnologie

Bisher haben wir gesehen, daß es in der Position des Kritischen Rationalismus überhaupt nicht möglich ist, Ziele aus irgendwelchen Prinzipien abzuleiten, sondern daß sie nur als gesetzt angenommen oder

135 Ebenda, S. 51f. – Das Zitat von Gagné stammt aus: Teaching Machines and Programmed Learning. R. Glaser (Hrsg.). S. 31.

abgelehnt werden können. Das ist eine Folge der Philosophie KANTS[136], die letztlich die Vernunft für das Prinzip gehalten hat, das evident ist, und nicht das In-der-Welt-Sein des Menschen, das wir als evident betrachten. Es ist daher verständlich, wenn von den Vertretern dieser Richtung immer wieder betont wird, daß es nicht Aufgabe der Wissenschaft sei, Erziehungsziele abzuleiten oder zu begründen, sondern daß dies Aufgabe der Erziehungslehre, also einer normativen Disziplin, sei, was freilich nicht heißen soll, daß Erziehungsziele irrational seien; auch im Rahmen einer normativen Disziplin müßten bestimmte logische Normen eingehalten werden.[137] Und damit gerät jeder Erziehungswissenschaftler, der dieser Wissenschaftstheorie anhängt, in einen permanenten Widerspruch: eine der wichtigsten Fragen der Pädagogik, die Zielfrage, kann so nicht exakt behandelt werden. Damit müßte man eigentlich die Diskussion über Pädagogik beenden und das Thema auf sich beruhen lassen. KÖNIG hat daher die Frage gestellt: „Inwiefern kann eine allgemein-wissenschaftstheoretische Erörterung über exakte Wissenschaften wie Mathematik und neuzeitliche Physik die Diskussion um die Rechtfertigung normativer Sätze voranbringen?“[138] KÖNIG macht den Versuch, ein Verfahren zu finden, mit dem man in Rahmen des Kritischen Rationalismus Erziehungsziele begründen kann. Um zum Ziel zu kommen, macht er eine Anleihe bei der Kommunikationstheorie, insbesondere bei WATZLAWICK, der seinerseits eine Reihe von Thesen aufgestellt hat, die er selbst als metakommunikative Axiome bezeichnet:

1. „Man kann nicht nicht kommunizieren. [...]“
2. „Jede Kommunikation hat einen Inhalts- und einen Beziehungsaspekt derart, daß letzterer den ersten bestimmt und daher eine Metakommunikation ist. [...]“
3. „Die Natur einer Beziehung ist durch die Interpunktion der Kommunikationsabläufe seitens der Partner bedingt. [...]“
4. „Menschliche Kommunikation bedient sich digitaler und analoger Modalitäten. Digitale Kommunikationen haben eine komplexe und vielseitige logische Syntax, aber einen auf dem Gebiet der Beziehungen unzulängliche Semantik. Analoge Kommunikationen dagegen besitzen dieses semantische Potential, ermangeln aber die für eindeutige Kommunikationen erforderliche logische Syntax.“[139]

---

136 Vgl. O. Schwemmer, Philosophie der Praxis. S. 194f; P. Lorenzen, Normativ Logic and Ethics. S. 74.

137 Vgl. L. Rössner, Kritische Pädagogik und Zielproblematik in der Erziehung. In: Zur Zielproblematik in der Pädagogik. M. Benden (Hrsg.). S. 85.

138 E. König, Theorie der Erziehungswissenschaft. Bd. 2. S. 164.

139 P. Watzlawick u. a., Menschliche Kommunikation. Formen, Störungen, Paradoxien. S. 53ff.

Wenn man den Ansatz KÖNIGS verstehen will, muß man zunächst einmal genau wissen, was eigentlich WATZLAWICK sagt. Es ist sicher nicht zu übersehen, daß sein Grundaxiom „Man kann nicht nicht kommunizieren" stark behavioristisch beeinflußt ist, so sehr es auf den ersten Blick auch generell einleuchten mag. Aber so, wie er sein Grundaxiom interpretiert, wird auch klar, daß er sich an die Reiz-Reaktions-Theorie anschließt. Für ihn sind Kommunikationen Botschaften (messages). „Ein wechselseitiger Ablauf von Mitteilungen zwischen zwei oder mehreren Personen wird als Interaktion bezeichnet." [140]

Unsere Position, daß der Mensch in einer Erschlossenheit steht, scheint der WATZLAWICKschen Position gar nicht so fremd, und doch trennen uns Welten. Denn es ist nicht gleichgültig, ob man den Menschen in einer vorlaufenden Erschlossenheit sieht oder ihn sozusagen als leeres Gefäß betrachtet, das von außen erst mit einem Inhalt gefüllt werden muß und das durch Reiz und Reaktion zu dem werden muß, was der Mensch doch im Grunde immer schon ist, nämlich eine „Person". Wir nehmen diesen Begriff nicht als etwas Statisches, wie es die scholastische Philosophie getan hat, sondern auch „Person" ist Gabe und Aufgabe zugleich, und der Mensch wird „er selbst", je mehr er sich der Erschlossenheit, d. h. dem Denken und der Wahrheit überläßt. Das ist „die Frage nach der Einzigartigkeit, nach der Selbstheit, nach der Unersetzbarkeit und Unvertauschbarkeit dessen, der der absoluten Forderung zu entsprechen hat; nach der Absolutheit dessen, der in endlicher Weise dem Absoluten antwortet; nach der Unbedingtheit dessen, der den unbedingten geschichtlichen Ruf an sein bedingtes Sein-können hört [...]." [141]

Betrachtet man den Menschen unter diesen Aspekten, kann man sogar das Grundaxiom WATZLAWICKS in Frage stellen. Der Mensch kann sehr wohl aus der Kommunikationskette austreten, sich aber freilich niemals dem Sein entziehen, weil er Seiendes ist und nach dem Sein des Seienden ständig unterwegs ist. Man sage nicht, das sei eine Ontologisierung des Problems, es ist vielmehr eine Humanisierung oder auch Anthropologisierung, und das liegt natürlich auf einer anderen Ebene als der der Verhaltenstheorie. In der Verhaltenstheorie ist das Ich bzw. sind die Ichs die vorgegebenen Größen, die Kraft des Willens sich erst eine Welt schaffen. Und damit sind wir auch bei dem zweiten Grundaxiom, d. h. dem Inhalts- und dem Beziehungsaspekt. Im Inhaltsaspekt werden also die Fakten übermittelt, während der Beziehungsaspekt die emotionale Stimmungslage des Datenvermittlers weiterleitet und so mitteilt, wie die Daten eigentlich aufzufassen sind. Da der Beziehungsaspekt den

---

140 Ebenda, S. 50f.

141 M. Müller, Existenzphilosophie im geisten Leben der Gegenwart. S. 179ff.

Inhaltsaspekt bestimmt, ist die Gefahr der Ambivalenz nicht von der Hand zu weisen, d. h., daß eine emotionale Kategorie mit antagonistischen Gefühlen in ein und demselben Ich die Inhaltsebene überlagert. Um das auszuschalten, müßte eben ein dialektisches Verhältnis an die Stelle der Ambivalenz treten. Ein solches dialektisches Verhältnis ist aber nur dann zu erreichen, wenn ein Seinsentwurf vorliegt, mit dem das Ich korrespondieren kann.[142] Fehlleistungen sind daher an der Tagesordnung, gerade auch deswegen – damit kommen wir auch gleich zum vierten Grundaxiom und überspringen zunächst das dritte –, weil digitale Kommunikation, die im wesentlichen mit verbaler Kommunikation, und analoge Kommunikation, die im großen und ganzen mit nonverbaler Kommunikation gleichgesetzt werden kann, in zwei wesentlichen Punkten differieren, nämlich in der Syntax und in der Semantik. Dabei steht die Semantik dem Beziehungsaspekt wieder nahe und – darauf weist Bock hin – ist situations- und zeitgebunden. Daher kann sie heute oft nicht mehr verstanden werden. Bock zeigt das an dem Bedeutungswandel des Wortes „Dame“, das vom lateinischen „domina“ abstammt und früher den Frauen der Oberschicht vorbehalten war, heute aber für alle Personen weiblichen Geschlechts gebraucht wird: „Auch wenn wir heute Hemmungen haben, weibliche Angehörige der Unterschicht, eine Bäuerin z. B., als Dame zu bezeichnen, das ursprüngliche Wort für die nichtadelige Personengruppe, vip, Weib, ist endgültig zum Schimpfwort abgesunken. An dessen Stelle ist, wo uns Dame nicht angebracht erscheint, Frau getreten, im Gegensatz zur lateinischen die deutsche Anrede für die Herrin.“[143]

Mit diesem Beispiel sollte verdeutlicht werden, daß gerade durch die mangelhafte Syntax ständig Fehlleistungen möglich sind, weil es ihnen an Klarheit und Eindeutigkeit mangelt. Dazu kommt jetzt noch die unter dem dritten Grundaxiom genannte Interpunktion. Sie stellt ein weiteres Moment der Verwirrung und damit der Fehlleistung dar. Was ist damit gemeint? Jede Teilnahme an einer Interaktion muß den Mitteilungen eine bestimmte Struktur geben. So weisen Bateson und Jackson darauf hin, daß also jede Mitteilung u. U. so strukturiert werden kann, daß der Versuchsleiter immer in die Rolle dessen versetzt wird, der den „Reiz“ setzt und auch die Verstärkung liefert, während der oder die Teilnehmer immer nur die „Reaktionen“ liefern. Bateson und Jackson bemerken weiterhin treffend – und das zeigt eigentlich schon wieder, wie ambivalent diese Strukturen sind, die die Interpunktion darstellen –: „Diese Worte [gemeint sind „Reiz“ und „Reaktionen“] sind hier

142 Vgl. W. Braun, Der Vater im familiären Erziehungsprozeß. S. 86ff.

143 I. Bock, Kommunikation und Erziehung. S. 134f.

absichtlich in Anführungszeichen gesetzt, da die Definition der Rollen in Wirklichkeit nur durch die Bereitwilligkeit der Teilnehmer entsteht, diese Interpunktionsform anzunehmen. Die ‚Wirklichkeit' der Rollendefinitionen hat denselben Wirklichkeitsgrad wie eine Fledermaus auf einer Rohrschachtafel – ein mehr oder weniger überdeterminiertes Resultat des Wahrnehmungsprozesses."[144]
Wir sehen also auch in diesem Falle wieder sehr deutlich, daß die Wirklichkeit umfunktioniert wird zu einer Wirklichkeit eines Ich. Watzlawick beschreibt das mit den Worten: „Wenn wir nach langem Suchen und peinlicher Ungewissenheit uns endlich einen bestimmten Sachverhalt erklären zu können glauben, kann unser darin investierter emotionaler Einsatz so groß sein, daß wir es vorziehen, unleugbare Tatsachen, die unserer Erklärung widersprechen, für unwahr oder unwirklich zu erklären, statt unsere Erklärung diesen Tatsachen anzupassen."[145] Die Wirklichkeit kommt also gar nicht mehr so, wie sie ist, in den Blick, sondern „Ordnung und Chaos hängen vom Beobachter ab, sind nicht objektiv vorgegeben. Er interpunktiert mit Notwendigkeit, d. h. prägt der Welt seine Ordnung ein bzw. auf. Anders ist es dagegen mit den Wertungen, die nicht subjektiv sind. Sie sind nach Watzlawick ein Ergebnis der Kommunikation. Man einigt sich über die Geltung der Ordnung."[146]
Wenn König Watzlawick sozusagen zum Kronzeugen und damit zur Grundlage für die Rechtfertigung von Primärzielen auf dem Boden des Kritischen Rationalismus macht, muß doch die Frage gestellt werden, ob es im Rahmen von Diskursen auf der Basis der Grundaxiome der Kommunikationstheorie „begründete Argumentation" geben kann. Wir bezweifeln füglich, daß die Primärziele, die König nennt, nämlich „intersubjektive Kommunikation" und das von ihm sogenannte Primärziel der „Lebenssicherung" (die Bedürfnisse, die zur Lebensicherung erforderlich sind), in Diskursen begründet werden können. Wenn er die Auffassung vertritt, daß nur im Hinblick auf diese metatheoretischen Normen begründet argumentiert werden kann, so scheint uns das aufgrund der Grundaxiome Watzlawicks mehr als fraglich. Watzlawick hat auch auf die Forschungen Batesons u. a. auf die double bind-Situation und die damit zusammenhängende Schizophrenieforschung hingewiesen.[147] Bateson u. a. nennen drei Merkmale als wesentlich für das double bind:

---

144 G. Bateson u. a., Some Varities of Pathologenic Organisation; zitiert nach P. Watzlawick u. a., Menschliche Kommunikation. S. 57.
145 P. Watzlawick, Wie wirklich ist die Wirklichkeit? S. 66f.
146 I. Bock, Kommunikation und Erziehung. S. 255.
147 Vgl. P. Watzlawick u. a., Menschliche Kommunikation. S. 194ff.

1. Das Individuum kommuniziert eigentlich gar nicht, denn es ist in Beziehungen verstrickt. Es kann nicht bei den sich widersprechenden Mitteilungen, die ihm auf der Inhalts- und Beziehungsebene gemacht werden, unterscheiden, wie es nun eigentlich reagieren soll.
2. Damit ist es gefangen in einer Situation – und vielleicht darf man hier gleich anfügen, wohl auch befangen.
3. Und was die ganze Situation noch erschwert, ist der Umstand, daß es noch nicht einmal in der Lage ist, sich mit dem ihm übermittelten Mitteilungen oder Botschaften kritisch auseinanderzusetzen.[148]

Unserer Meinung nach reicht die Kommunikationstheorie nicht aus, um in Diskursen die beiden genannten Primärziele abzuleiten. Die double bind-Situation zeigt aber darüber hinaus, daß bei Diskursen, die da geführt werden, nicht ausgeschlossen werden kann, daß auch krankhafte Verstrickungen vorliegen, die eine begründete Argumentation und damit einen vernünftigen Diskurs unmöglich machen. Wie soll das z. B. möglich sein, wenn das Individuum noch nicht einmal in der Lage ist, sich mit den übermittelten Botschaften auseinanderzusetzen, weil es eben in der Beziehungsfalle sitzt?
Die beiden von KÖNIG genannten Primärziele sind keine Primärziele, bzw. stellen sie nichts anders als gesetzte Ziele dar, die nicht begründet werden können. Die Kommunikationstheorie als Grundlage für ein begründetes Argumentieren anzunehmen ist nichts anders als der untaugliche Versuch, eine wie auch immer geartete allgemeine Vernunft, die in allen Menschen vorhanden ist, aufleben zu lassen, wobei allerdings nicht im richtigen Denken, sondern eben im richtigen Argumentieren der Schwerpunkt liegt. Da diese Argumente Leistungen eines Ich sind, wird immer dieses Ziel der Einheit und Ganzheit als Grundkonsens vorausgesetzt und als eine Kraft, die entscheidend ist für das Erstellen eines Zusammenhangs, d. h. einer Wirklichkeit und Wahrheit, die es objektiv nicht gibt, die vielmehr nur subjektiv begründet werden kann. Man muß den Begriff „intersubjektiv" also auch hier ganz ernst nehmen und feststellen, daß es sich immer um zwei oder mehrere Subjekte handelt, die miteinander eine Wirklichkeit sich schaffen, die mit der vorgegebenen Wirklichkeit der Welt in keiner Weise übereinstimmt bzw. nicht übereinstimmen muß. Demtentsprechend interpretiert KÖNIG den Terminus „intersubjektiv" so, daß

1. jeder an diesem Diskurs teilnehmen und Argumente einbringen kann,
2. jedes Argument geprüft werden muß und

148 Vg. G. Bateson u. a., Schizophrenie und Familie. S. 16f.

3. die Überprüfung unabhängig stattfindet von der Person, die diese Argumente vorgebracht hat.[149]

Das bestätigt unsere Auffassung, daß bei diesen drei Kriterien immer wieder die „Argumente" von der Willentlichkeit eines Ich aufgebracht und abhängig gemacht werden müssen, das selbst in einem luftleeren Raum zu schweben scheint, das selbst keine Rückbindung hat, es sei denn die Kommunikation selbst. Dieser Eindruck wird besonders noch dadurch verstärkt, daß die Argumente als immer gleichgewichtig behauptet werden, ganz gleichgültig von wem sie vorgebracht werden. Das setzt fast schon, wenn es auch noch nicht angesprochen wird, eine transzendentale Kommunikationsgemeinschaft voraus, die mehr als eine nur intersubjektive Annahme ist.

Aber wir müssen noch einen weiteren Einwand gegen das Verfahren von König vorbringen. Er interpretiert, daß eine Handlung dann als intersubjektiv gerechtfertigt gelten soll, wenn sie sich in einer Situation bei Berücksichtigung der genannten Primärziele als optimales Mittel erweist.[150] Bringt uns diese Definition eigentlich weiter, oder stiftet sie nicht vielmehr Unsicherheit? Die Tücke steckt wohl darin, daß man sich doch die Frage stellen muß, wann von einem Diskurs gesagt werden kann, daß er in dieser oder jener Situation zu einer optimalen Handlung geführt habe. Wer setzt dafür die Maßstäbe, und was heißt eigentlich „optimal" in diesem Zusammenhang? Steckt nicht hinter der semantischen und syntaktischen Erklärung der Argumente immer wieder jene Willkür, die jedem Konstruktivismus zu eigen ist, der die Welt unter dem Druck seiner Argumente „macht", sie aber in ihrem wirklichen Sein negiert und bewußt oder unbewußt übersieht. Das zeigen auch die Beispiele, die König bringt. Sowohl der Diskurs über die Todesstrafe[151] als auch der Diskurs über den „Fall Heiko"[152] können nicht befriedigen. Man gewinnt immer den Eindruck, daß eine zufällige Zahl von Argumenten subjektiv gewürdigt wird. Es zeigt sich aber auch, daß die Diskurse in der Praxis, wirklich mit einem oder mehreren Partnern geführt, wenn überhaupt, dann doch nur zu einem zufälligen Ziel kommen, das eben von der Subjektivität der Partner bestimmt ist.

Ein weiteres Negativum ist darin zu sehen, daß der „Fall Heiko", der bewußt von König als pädagogisches Beispiel gebraucht wird, zeigt, daß bei wirklich pädagogischen Entscheidungen, die hic et nunc getroffen werden müssen, notwendigerweise mit verkürzten Diskursen gearbeitet

---

149 Vgl. E. König, Theorie der Erziehungswissenschaft. Bd. 2. S. 131.
150 Vgl. ebenda, S. 172.
151 Ebenda, S. 179ff.
152 Ebenda, S. 219ff.

werden muß. Führt die Verkürzung nicht auch zu einer Verkürzung der Argumente und ihrer Würdigung und damit auch letztlich zu einem Zufallsergebnis?

Die sogenannte Erlanger Philosophie und ihre Grundlage spielen hier eine nicht unbedeutende Rolle. Wir haben schon auf die Problematik hingewiesen, die sich aus der Annahme einer intersubjektiven Kommunikationen mit transzendentalem Charakter ergibt, d.h., daß diese dem Prinzip der praktischen Vernunft unterliegt, das besonders von LORENZEN vertreten worden ist. KÖNIG nennt darüber hinaus noch das Moralprinzip von SCHWEMMER, das folgenden Wortlaut hat: „Stelle in einer Konfliktsituation die miteinander verträglichen Supernormen zu den Normen fest, die als Gründe für die miteinander unverträglichen Zwecke benützt werden, und stelle zu diesen Supernormen Subnormen auf, die miteinander verträglich sind.“[153] Auch hier kommt also wieder eine Ziel(Zweck)-Mittel-Argumentation in Gang, die besagt, daß man bei einem Streit versuchen soll, sich auf gemeinsam aktzeptierte übergeordnete Ziele zu einigen, um dann zu untergeordneten Zielen zu kommen.[154] Wir dürfen nicht vergessen, daß das zweite Primärziel, nämlich das der „Lebenssicherung“, in die Problematik hineinspielt. In Anlehnung an HABERMAS behauptet KÖNIG, daß die moderne Wissenschaft immer von vornherein schon von diesem Prinzip ausgeht, einem Zusammenwirken von mathematischer Vernunft und technisch-experimentellem Interesse[155], was bekanntlich nichts anderes darstellt, als ein gesellschaftliches Interesse. Wenn gesagt wird, daß die „antike und mittelalterliche Wissenschaft [...] zwar einleuchtende Erklärungen“ lieferte, diese aber nicht in die Praxis umzusetzen gewesen seien, so ist das ein gezielter Hinweis auf unsere Position, die wir hier vertreten haben, daß bis zum Ende des Mittelalters sich Wissenschaft mit der Welt und nicht mit sich selbst und schon gar nicht mit der Gesellschaft befaßte, was wir am Beispiel der Sieben Freien Künste zu verdeutlichen versucht haben. So sehen wir also, daß durch das Primärziel „Lebenssicherung“ eine Kategorie in die Diskussion eingeführt wird, die deutlich auf die Weltvergessenheit aller Metasysteme hinweist. Die Metasysteme erheben darüber hinaus den Anspruch, daß sie allen Sinn, der in dieser Welt vorhanden ist, finden und erklären können; daß aber das Sein als solches verborgen bleibt, wird einfach nicht zur Sprache gebracht.

---

153 P. Lorenzen/O. Schwemmer, Konstruktive Logik, Ethik und Wissenschaftstheorie. S. 119.

154 Vgl. ebenda.

155 Vgl. ebenda, S. 151.

4.5

Die Position der Kritischen Theorie der Frankfurter Schule in der Pädagogik

Den letzten Schritt zur idealen Kommunikationsgemeinschaft, den wir bei König noch vermißt haben, vollziehen für die Kritische Theorie Habermas, für die Pädagogik vor allem Mollenhauer. Der Mensch hat eine „Kommunikative Kompetenz" (zu haben). Sie ist mehr als eine nur linguistische Kompetenz, die etwa mit einem monologen Sprechen verglichen werden kann. „Kommunikative Kompetenz" konstituiert insofern mehr, als sie sich in der Dialogfähigkeit zeigt. Dabei unterscheidet Habermas verschiedene Sprechakte:

1. Die *Kommunikativa:* Sie dienen dazu, „den pragmatischen Sinn von Rede überhaupt anzusprechen".
2. Die *Konstitutiva:* Sie dienen dazu, „den Sinn der kognitiven Verwendung von Sätzen auszudrücken".
3. Die *Repräsentativa:* Sie dienen dazu, „den pragmatischen Sinn der Selbstdarstellung eines Sprechers vor einem Hörer auszusprechen".
4. Die *Regulativa:* Sie dienen dazu, „den Sinn der praktischen Verwendung von Sätzen auszudrücken".[156]

Mit diesen vier Sprechakten umreißt Habermas sein ganzes Programm, denn „die Verwendung der Konstitutiva ermöglicht die Unterscheidung einer öffentlichen Welt intersubjektiv anerkannter Auffassungen von einer privaten Welt bloßer Meinungen (Sein und Schein). Die Verwendung der Repräsentativa ermöglicht die Unterscheidung zwischen dem vollständig individuierten Wesen [...] und den sprachlichen Äußerungen, Expressionen und Handlungen, in denen das Subjekt erscheint [...] (Wesen und Erscheinung). Die Verwendung der Regulativa ermöglicht die Unterscheidungen zwischen empirischen Regelmäßigkeiten, die beobachtet, und geltenden Regeln, die intentional befolgt oder verletzt werden können (Sein und Sollen)."[157] Wir haben also, wenn wir es noch einmal genau betrachten, in diesen Klassen von Sprechakten eine Unterscheidung von öffentlich und privat, von individuell und gesellschaftlich und von empirisch und normativ – und schließlich die Tatsache, daß die Kommunikation dafür den Rahmen abgibt, d. h., die Kommunikation muß in dieser Weise strukturiert sein, daß sie alle diese

156 J. Habermas/N. Luhmann, Theorie der Gesellschaft oder Sozialtechnologie – Was leistet die Systemforschung? S. 111f.

157 Ebenda, S. 113f.

Fundamentalia umfaßt. Und HABERMAS unterstellt, daß überall, wo zwei Menschen in Kommunikation treten, sofern sie sprach- und handlungsfähig sind, sie diese kommunikative Kompetenz in allen diesen Klassen haben.

Auch hier spielen insofern Diskurse eine entscheidende Rolle, als eben durch diese ein hermeneutischer Sinnzusammenhang geschaffen wird, indem Erzieher und Edukand nicht mehr sich als Subjekt und Objekt gegenüberstehen, sondern indem sie eine ideale Kommunikationsgemeinschaft bilden. Das natürlich unter der Voraussetzung, daß sie das „richtige Bewußtsein" haben, d. h. – und hier könnte man von einem zweiten hermeneutischen Sinnzusammenhang sprechen –, daß der Wille vorhanden ist, die „erkenntnisleitenden Interessen" einzusehen und zu hinterfragen, und daß sie im Akt der Kommunikation bedeutsam werden. „Interessen" – so schreibt HABERMAS – „nenne ich die Grundorientierungen, die an bestimmten fundamentalen Bedingungen der möglichen Reproduktion und Selbstkonstituierung der Menschengattung, nämlich an Arbeit und Interaktion haften. Jene Grundorientierungen zielen deshalb nicht auf die Befriedigung unmittelbar empirischer Bedürfnisse, sondern auf die Lösung von Systemproblemen überhaupt [...]. Die erkenntnisleitenden Interessen messen sich allein an jenen objektiv gestellten Problemen der Lebenserhaltung, welche durch die kulturelle Form der Existenz als solche beantwortet worden sind. Arbeit und Interaktion schließen eo ipso Lern- und Verständnisprozesse ein; und von einer bestimmten Entwicklungsstufe an müssen diese in Form methodischer Forschung gesichert werden, wenn der Bildungsprozeß der Gattung nicht in Gefahr geraten soll."[158]

Hier laufen nun die beiden hermeneutischen Zirkel von Kommunikation und „erkenntnisleitenden Interessen" ineinander über, und HABERMAS führt sie zu einem geschichtsphilosophischen Punkt, der im Anschluß an die HEGELsche Dialektik und den MARXschen Materialismus so bestimmt wird, daß „der Selbsterzeugungsakt der Menschengattung [...] vollendet [ist], sobald sich das gesellschaftliche Subjekt von notwendiger Arbeit emanzipiert hat und gleichsam neben eine verwissenschaftlichte Produktion tritt".[159] Das Ziel heißt also Emanzipation, aber dabei handelt es sich nicht etwa um eine Setzung, sondern um eine historische Ableitung, denn das Interesse an Mündigkeit schwebt nicht bloß vor, sondern es kann a priori eingesehen werden. „Das heißt aber, daß es rational durchschaubar gemacht und somit zugänglich werden muß. Denn „das, was uns aus Natur heraushebt, ist nämlich der einzige

158 J. Habermas, Erkenntnis und Interesse. S. 242.

159 Ebenda, S. 66.

Sachverhalt, den wir seiner Natur nach kennen können: Die *Sprache*. Mit ihrer Struktur ist Mündigkeit *für uns* gesetzt. Mit dem ersten Satz ist die Intention eines allgemeinen und ungezwungenen Konsensus unmißverständlich ausgesprochen. Mündigkeit ist die einzige Idee, deren wir im Sinne der philosophischen Tradition fähig sind. Vielleicht ist deshalb der Sprachgebrauch des Deutschen Idealismus, demzufolge ‚Vernunft' beide Momente: Willen *und* Bewußtsein enthält, doch nicht ganz obselet. Vernunft meinte zugleich den Willen zur Vernunft. In der Selbstreflexion gelangt eine Erkenntnis um der Erkenntnis willen mit dem Interesse an Mündigkeit zur Deckung. Das emanzipatorische Erkenntnisinteresse zielt auf den Vollzug der Reflexion als solchen [...]. *In der Kraft der Selbstreflexion sind Erkenntnis und Interesse eins.*"[160]

Nach diesen Ausführungen ist der Mensch nicht auf irgendetwas angewiesen, das ihm voraus wäre, wie wir es von der Welt gesehen haben, sondern er wird auf sich selbst reduziert und damit von der Welt getrennt. Das geschieht freilich in engster Anlehnung an MARX' These, daß alle Emanzipation die „*Zurückführung* der menschlichen Welt, der Verhältnisse auf den *Menschen selbst*" ist.[161] Anders ausgedrückt: Der Mensch ist das sich selbst schaffende Wesen, und daher ist die Welt ihm nachgeordnet, bzw. sie ist eine Funktion der Handlungen der Menschen. Daher kann auch die einzig normative Idee nur die Mündigkeit bzw. die Emanzipation sein, und HABERMAS scheint ja fast mit dem Deutschen Idealismus hier auf einem gemeinsamen Boden zu stehen, wenn er sagt, daß diese durch Wille und Bewußtsein ausgedrückt wird. Gleichwohl haben wir gesehen[162], daß das „erkenntnisleitende Interesse" bei HABERMAS nicht etwa eine bedürfnisbefriedigende Funktion hat, sondern daß es Systemprobleme lösen soll. Es ist also zunächst und zuerst von HABERMAS nicht als ein individuelles Problem gedacht. Der pädagogische Interpret MOLLENHAUER bleibt allerdings diesem Ansatz nicht treu, wenn auch sein Konzept nichtsdestoweniger dem Willen und dem Bewußtsein verpflichtet bleibt. MOLLENHAUER hat nicht diesen geschichtsphilosophischen Rahmen, und daher ist das „erkenntnisleitende Interesse" eben nicht system-, sondern subjektbezogen. „Für die Erziehungswissenschaft konstitutiv ist das Prinzip, das besagt, daß Erziehung und Bildung ihren Zweck in der Mündigkeit des Subjektes haben; dem korrespondiert, daß das erkenntnisleitende Interesse der Erziehungswissenschaft das Interesse an Emanzipation ist."[163] Somit gerät das Subjekt in den Mittelpunkt der

---

160 J. Habermas, Technik und Wissenschaft als ‚Ideologie'. S. 163ff.
161 K. Marx, Zur Judenfrage I. In: ders., Bildung und Erziehung. S. 53.
162 Siehe Seite 90.
163 K. Mollenhauer, Erziehung und Emanzipation. S. 10.

Betrachtung. Seine Ausgangspunkte sind damit Hermeneutik auf der einen Seite und die apriorische Voraussetzung, daß der Mensch in rationalen Diskursen immer wieder die Möglichkeit für eine Verständigung finden kann. Daher kann der Edukand niemals Objekt werden, sondern kraft seiner Vernünftigkeit nimmt er als Subjekt immer schon an seinem Erziehungsprozeß selber teil. Dafür ist es allerdings notwendig, daß er immer ein Handlungsfeld hat, und das ist gleichbedeutend mit einem Sinnzusammenhang. Hier hat die Hermeneutik ihren Platz, denn sie muß immer wieder neu bedenken, wie denn Emanzipation und emanzipatorische Erziehung vonstatten gehen können und wie mit Hilfe des Mediums Sprache Interaktionen und schließlich Kommunikation erfolgreich auf dem Weg zum Ziel eingesetzt werden können.

Das Entscheidende an dieser Aussage ist die Feststellung, daß Erziehung „kommunikatives Handeln ist", und das heißt bei MOLLENHAUER: ein Handeln, „das seine Zwecke in den daran beteiligten Subjekten selbst hat; das nicht auf Naturbeherrschung direkt aus ist (also auch nicht ‚Produktion' ist), sondern Verständigung über Sinn-Orientierungen und Handlungsziele erreichen will".[164]

Diese Definition mag noch einmal in aller Deutlichkeit zeigen, daß für das Ich nichts Vorgegebenes mehr existiert. Die Welt kommt in diesen Gedankengängen überhaupt nicht mehr vor. Sie scheint ganz bewußt verlassen worden zu sein, um dem Menschen Spielräume vorzugaukeln, die er nicht hat. Es ist einsichtig, daß etwas Apriorisches den Menschen immer einengt, da es seinen Handlungsspielraum beschneidet und ihn auch um Utopien bringt. Der Mensch neigt seinem Wesen nach zu Utopien, hiervon geht beispielsweise auch der Dialektische Materialismus aus. Utopien sind an sich nicht zu verurteilen, immer unter der Voraussetzung, daß das In-der-Welt-Sein des Menschen als die apriorische Bindung nicht übersehen wird. Bringt also die Festlegung auf die Welt immer nur Nachteile? Keineswegs. Nach dem In-der-Welt-Sein zu fragen bedeutet auch, nach dem Dasein und speziell nach meinem Dasein zu fragen, was zugleich auch die Frage nach dem Sein des Daseins beinhaltet. Die positive Seite dieser Bindung bedeutet, daß ich den Sinn meines Daseins nicht irgendwo zu suchen habe, sondern in einem ganz konkreten Feld und Raum, der mich umgibt. Wenn dieser Raum Grenzen hat und ich gehalten bin, diese Grenzen zu respektieren, dann bietet die Umgrenzung auch eine Geborgenheit. Ich weiß darum, was meine Sache sein kann und was sie nicht sein kann. Grenzen sind also nicht nur Begrenzungen, sondern bieten gleichzeitig Geborgenheit und

164 K. Mollenhauer, Theorien zum Erziehungsprozeß. S. 42.

auch eine Sicherheit.[165] Nimmt man diesen Sinn weg, so schneidet man die Welt als Existential überhaupt ab, zerreißt man den möglichen Sinnzusammenhang, der zwar nicht offen zutage liegt, der aber für jedes Ich auf dieser Welt gefunden werden muß. Da der Mensch aber ohne einen Sinnzusammenhang – ob schon für das Ich erschlossen oder noch nicht erschlossen, ist in diesem Zusammenhang gleichgültig – nicht leben kann, müssen neue „Räume" oder Quasi-Räume entdeckt werden, die immer nur artifiziell sein können und daher jeder Natürlichkeit entbehren. Diese Quasi-Räume zu konstituieren, ist beispielsweise das „kommunikative Handeln" eine von vielen Möglichkeiten. „Darin steckt die Behauptung, daß der Gegenstandsbereich der Erziehungswissenschaft sich aus zwei Basiskomponenten zusammensetzt. Die eine Komponente (Kommunikation) umfaßt die Tatsache, daß Erziehungshandeln immer intersubjektive Verständigung ist und infolgedessen pädagogische Aussagen immer Aussagen über den in solcher Verständigung enthaltenen oder hervorgebrachten Sinnzusammenhang sind, Aussagen über soziale Muster also, denen das Interagieren von Subjekten folgt. Die andere Komponente faßt die Tatsache, daß diese Interaktionen [...] mit einem gesellschaftlichen Substrat verknüpft sind, das sich zum Beispiel als System gesellschaftlicher Aburteilung [...], als kapitalistisches Tauschprinzip oder abstrakter, als Produktion oder Arbeit bestimmen ließe."[166]

Damit haben wir gleichzeitig einen Aspekt des Emanzipationsvorgangs: Der Mensch befreit sich von der Abhängigkeit der Welt, bringt in der Kommunikation eine neue „Symbiose" zustande, die jedoch wegen ihres artifiziellen Charakters nur eine Ersatz-Symbiose sein kann, und „er findet" eben in der und durch die Kommunikation zugleich einen neuen Sinnzusammenhang, der notwendigerweise immer Handlungen intendiert. Diese müssen gesellschaftlich relevant sein, das heißt nicht, daß sie harmonisch sich in die Gesellschaft eingliedern lassen müssen. Das wäre schon wieder Anpassung und Schaffung von neuen Abhängigkeiten. In der Tatsache, daß sie dysfunktional zur Gesellschaft stehen, daß sie Konflikte hervorrufen, sind sie gesellschaftlich besonders werträchtig. „Es verbietet sich deshalb ein erziehungstheoretischer Ansatz, in dem von Konflikten durchsetzte gesellschaftliche Realität zu pädagogischen Zwecken auf Stabilität und Ordnung hin stilisiert wird. Auch in den pädagogischen Gebilden reproduzieren sich die sozialen Konflikte. Eine realistische Erziehungswissenschaft wird sie in den Horizont ihrer Interessen mit aufnehmen müssen. Sie wird es gerade deshalb tun

165 W. Braun, Der Vater im familiären Erziehungspreozß. S. 89ff.
166 Ebenda. S. 41f.

müssen, weil die pädagogischen Institutionen, die Familien, die Schulen, Heime, Gruppen, Betriebe dazu neigen – unter häufiger Berufung auf pädagogische Verantwortung –, Konflikte als dysfunktional, als unpädagogisch auszuscheiden, zu unterdrücken oder nicht zur Kenntnis zu nehmen. In einer Gesellschaft, die sich nicht nur durch Konfliktreichtum auszeichnet, sondern vor allem dadurch, daß sie die Konflikte rational zu regeln sucht, kann deshalb die Erziehungswissenschaft nicht darauf verzichten, den Konfliktcharakter der pädagogischen Felder und Institutionen zu analysieren.“[167]

Danach tritt also noch ein neues Problem auf: Der Sinn, der nun gesucht werden muß, kann nicht in einer Funktion bestehen, die das Individuum in der und für die Gesellschaft hat, was immer noch verständlich wäre, sondern gerade der „Nicht-Sinn“, der Konflikt – denn er gibt von der Kommunikation her gesehen keinen Sinn – muß aufgesucht werden, und es müssen rationale Verständigungsmöglichkeiten gefunden werden. Man fragt sich, warum eigentlich überhaupt noch Verständigungsmöglichkeiten gesucht werden müssen. Ist nicht jede Verständigung, auch die rationale, im Grunde ein Aufheben des emanzipativen Prinzips? Spätestens hier wird dem eingeschworensten Emanzipationstheoretiker klar, daß es in der Gesellschaft noch gewisse Kommunikationen geben muß, wenn nicht alle zwischenmenschlichen Beziehungen in die Brüche gehen sollen.

Eine ganz andere Frage ist, was diese rationale Verständigung noch für einen Sinn haben soll. Was heißt eigentlich „rationale Verständigung“? Nun, man kann zunächst einmal annehmen, daß sie nicht irrational ist, d. h., daß nicht ohne zureichende Gründe etwas entschieden wird. Aber ist eine rationale Veständigung nicht eine Restverständigung dergestalt, daß man zwar verbal Einigungen suchen kann, daß diese aber inhaltlich ohne Bedeutung sind, weil sie keine gemeinsame Wertbasis haben? Man denke hier als Beispiel nur an das Wort „Frieden“, auf das sich Ost und West zwar verbal verständigen können, unter dem aber jeder inhaltlich etwas anderes versteht. Der Sinn der Begriffe „Kommunikation“ und „Verständigung“ wird in einem solchen Falle total pervertiert, denn die Außerachtlassung der Wertbasis muß geradezu als Nicht-Kommunikation bezeichnet werden. Von daher erscheint denn auch die „rationale Kommunikation“ in einem eigenartigen Licht. Ist dann „rationale Verständigung“ oder wie immer man sie nennen will nicht eigentlich das, was der Kritische Rationalismus unter zweckrationalem Handeln versteht? Das zweckrationale Handeln ist bei Brezinka jenes Handeln, das eine gewünschte – d.h. doch: gesellschaftlich gewünschte –

167 K. Mollenhauer, Erziehung und Emanzipation. S. 31f.

Disponibilität erbringen soll. Die „rationale Verständigung" bei MOLLENHAUER scheint in eine ganz ähnliche Richtung zu gehen. Der Diskurs als Mittel rationaler Kommunikation sieht also gar nicht das Ich und auch nicht die Welt, sondern „in erkenntniskritischer Hinsicht repräsentiert er das von APEL formulierte Postulat des ‚praktischen Fortschritts', insofern mit seiner Hilfe bestimmbar wird, unter welchen Umständen die praktischen Verhältnisse das Eintreten in Diskurse verhindern oder erschweren und infolgedessen eine kritische Theorie der gesellschaftlich-historischen Bedingungen kommunikativen Handelns und also das Erziehungshandeln *notwendig* ist. Er liefert die Legitimationsbasis für Bedeutung und Verwendung des Ausdrucks ‚Emanzipation'. In empirischer Hinsicht gibt er die Möglichkeit, soziale Handlungsfelder zu identifizieren, in denen Diskurs-Chancen mit Wahrscheinlichkeit auftreten können oder bestimmte Formen des Diskurses institutionalisiert sind."[168]

Wir sehen also, daß gerade dadurch, daß es kein Apriori gibt, das Ich nicht nur nicht befreit, sondern geradezu in einer unverschämten Weise mißbraucht wird, indem es in die Zweck-Mittel-Relation gesetzt wird. Es geschieht etwas mit dem Individuum, damit es der Gesellschaft und ihren Ansprüchen entsprechen kann. Der einzelne wird hier ständig in einen kommunikativen Aktionismus hineingetrieben, für den jede Voraussetzung auf der Ebene des Vertrauens und des Geborgenseins fehlt. Gleichzeitig wird er ständig mit Konfliktsituationen konfrontiert, mit denen er überfordert wird, gerade deswegen, weil die Wertbasis Geborgenheit fehlt.

Die Konsequenz kann nicht ausbleiben: Der Mensch wird in eine Orientierungslosigkeit hineingestellt, die mit Vereinsamung, Sinnverlust und in Neurose endet.

ULICH hat die These, daß Erziehung kommunikatives Handeln sei, untersucht und sie auf folgende Unterstellungen zurückgeführt:

1. auf die Möglichkeit des Aufhebens von Machtunterschieden,
2. auf die Möglichkeit einer Einigung auf rein rationaler Basis,
3. auf die Möglichkeit von Entscheidungen durch Diskurse,
4. auf die Möglichkeit des role-takings und der Rollendistanz,
5. auf die Möglichkeit, daß Interaktionen als Interpretationsprozesse von allen Beteiligten in ihrer Notwendigkeit eingesehen werden.[169]

Anders als MOLLENHAUER stellt LEMPERT das emanzipatorische Interesse in einen sozialen Rahmen und kommt HABERMAS damit näher, der

---

168 K. Mollenhauer, Theorien zum Erziehungsprozeß. S. 67.
169 Vgl. D. Ulich, Pädagogische Interaktion. Theorien erzieherischen Handelns und sozialen Lernens. S. 91 ff.

Systemprobleme darunter verstanden haben will. In drei Thesen zur Emanzipation konstatiert LEMPERT:

1. „Bildungsforschung ist ein Erfordernis emanzipatorischen Interesses; sie kann Bedingungen menschlicher Mündigkeit sichtbar machen. Bildungsforschung in emanzipatorischer Absicht zielt primär auf Kritik und Selbstreflexion.“[170]
2. „Das emanzipatorische Interesse ist – nach seinen theoretischen und praktischen Konsequenzen und nach seinen Voraussetzungen – rationaler als die beiden anderen erkenntnisleitenden Interessen: Stärker als das technische und kommunikative Interesse nötigt es zur Reflexion der Antriebe jeglichen Erkennens, häufiger als jene bringt es Erkenntnisse hervor, deren praktische Wirksamkeit ihren vorgängigen Intentionen entspricht, und nur das emanzipatorische Interesse erfüllt alle Forderungen der Vernunft. Darum sollte die Bildungsforschung sich vom emanzipatorischen Interesse lenken lassen.“[171]
3. „Bildungsprozesse in emanzipatorischer Absicht untersuchen, bedeutet vor allem:
   – Die faktische pädagogische Verdrängung sozial unterdrückter Bedürfnisse ermitteln und kausal analysieren,
   – die derart genommenen Gesetzesaussagen in den Verständnishorizont der Individuen, für die sie gelten, hinein interpretieren und
   – den Einstellungswandel, den ihre Mitteilung bei diesen Individuen hervorruft, experimentell überprüfen.“[172]

Bei MOLLENHAUER ist Emanzipation zu etwas Statischem geronnen, indem er erklärt, das erkenntnisleitende Interesse der Erziehungswissenschaft sei die Mündigkeit des Subjekts. Für LEMPERT ist „Interesse“ vor allem „eine soziologische Kategorie. Auf eine kurze Formel gebracht sind soziale Interessen situationsbedingte Verhaltensorientierungen.“[173] Stärker steht also wieder, wie auch aus der dritten These hervorgeht, die gesellschaftliche Seite der Emanzipation im Blickfeld. Darauf weist hin, was LEMPERT über das technische und praktische Interesse aussagt. Beides sind Menschheitsinteressen. Einerseits finden diese Menschheitsinteressen nur im Indidivuum ihre Existenz, aber da Individuen gleichzeitig Gattungswesen sind, können sie sich in Gruppen emanzipieren.[174] Sie tun das immer wieder, indem sie Wille und Bewußtsein einsetzen, so als ob es eine Kraft wäre, mit der sie beliebig verfahren könnten. Das

---

170 W. Lempert, Leistungsprinzip und Emanzipation. S. 313.
171 Ebenda, S. 322.
172 Ebenda, S. 328.
173 Ebenda, S. 314.
174 Vgl. ebenda, S. 319.

Medium, dessen sie sich bedienen, ist die Reflexion. Immer geht es um das Haben und Besitzen, also um einen Zustand nicht so sehr des Individuums als vielmehr der Gesellschaft, an der das Individuum aber partizipiert. Oder darf man hier von einem Zustand nicht sprechen? Emanzipation ist freilich ein als Ideal gedachter Sollzustand und damit ein normativer Begriff, der sich nur in Prozessen verwirklichen läßt. GIESECKE fordert ein Lernziel „emanzipierende Mitbestimmung" als ein Mittel im Rahmen des Kampfes um Emanzipation im Demokratisierungssprozeß. Er bemerkt jedoch dazu, daß ein dafür erforderliches komplexes System von Lernzielen nur dann sinnvoll wäre, „wenn die ganzen gesellschaftlichen Verhältnisse gleich vom Nullpunkt an mitgeplant werden könnten". Er ist allerdings auch realistisch genug festzustellen, daß es in der Geschichte niemals eine „Nullpunkt-Situation" gibt.[175] Es ist bezeichnend für die sozialwissenschaftlich politisierende Denkungsart, daß GIESECKE ähnlich wie MOLLENHAUER jede Überparteilichkeit von Lernzielen ablehnt, weil „weder Wissenschaft noch Pädagogik [...] diesem Zusammenhang ausweichen können".[176] Dabei wird nur immer wieder die Überbetonung des Gesellschaftssystems herausgestellt, das doch nur ein sekundäres System ist. Die Welt kennt keine Partei und keine Parteilichkeit, sondern sie ist das Ganze, um das es geht. Dieses wird durch jede vorzeitige Festlegung, die doch nichts anderes als Voreingenommenheit ist, zerstört. Die Erschlossenheit und das Denken sind in ihrem Wesen apolitisch. Sie sind die veritas transzendentalis, von der aus alle anderen Bestimmungen erst möglich sind und sich wie sekundäre Systeme ausnehmen. Das wahre „erkenntnisleitende Interesse" ist das In-der-Welt-Sein des Menschen. Auch KLAFKI bleibt mit seiner Interpretation der Kritischen Theorie im Sekundären stecken, wenn er schreibt, daß die Erziehungswissenschaft „zur rationalen Begründung und Sicherung der Überprüfbarkeit von Erziehungszielen beitragen und diese Überprüfung durchführen kann, indem sie

1. die historischen Hintergründe aktueller Zielformulierungen und in der Erziehung mitwirkender Normen aufklärt,
2. ideologiekritische Untersuchungen durchführt,
3. die Eindeutigkeit oder Vieldeutigkeit oder die logische Stimmigkeit oder Unstimmigkeit von Zielsystemen oder Zielkomplexen herausarbeitet,
4. die in allen Zielsetzungen steckenden Annahmen über die Wirklichkeit überprüft,
5. die Erwartungen über die Realisierbarkeit und

---

175 H. Giesecke, Einführung in die Pädagogik. S. 79.

176 Ebenda, S. 100; siehe auch K. Mollenhauer, Erziehung und Emanzipation. S. 151 ff.

6. die möglichen ungewollten Nebenwirkungen bestimmter Zielsetzungen der Kontrolle durch empirische Forschung unterzieht".[177]

Man fragt sich, was mit diesen Kriterien für die Formulierung von Erziehungszielen überhaupt gewonnen ist. Können danach überhaupt noch positive Ziele formuliert werden? Erziehungswissenschaft kann demnach kritisieren und allenfalls legitimieren, aber nicht mehr selbst Ziele formulieren. Nicht zu Unrecht hat KÖNIG KLAFKI Inkonsistenz vorgeworfen, indem er ihn in dessen Ausführungen im „Funk-Kolleg Erziehungswissenschaft" nicht über die Metatheorie des Positivismus hinauskommen sieht, während er doch in dem Band „Aspekte kritisch-konstruktiver Erziehungswissenschaft" Emanzipation zum Maßstab einer jeden Rechtfertigung von Normen machen will.[178] Dort liest man in der Tat u. a. folgende Sätze: „Diese Leitbegriffe [gemeint sind „Emanzipation", „Mündigkeit", „Selbstbestimmung", „Demokratisierung" u. ä.] kritischer Gesellschaftstheorie und kritischer Erziehungswissenschaft sind nun nicht etwa als abstrakte, zeitlose Normen gemeint. Sie werden vielmehr selbst als Entdeckung unter bestimmten historisch-gesellschaftlichen Bedingungen verstanden, sie haben eine Geschichte, die in ihren Anfängen zwar bis in die Antike zurückreicht, ihre moderne Ausprägung aber erst in der europäischen Aufklärung des 18. Jahrhunderts erfuhr und die dann in der Philosophie des Deutschen Idealismus und seiner revolutionären Fortbildung durch MARX und den kritischen Neomarxismus unseres Jahrhunderts weitergeführt wurde."[179] RÖSSNER hat gerade im Hinblick auf den ideologiekritischen Aspekt bei KLAFKI, der ja im besonderen das Problem des richtigen und des falschen Bewußtseins beinhaltet, die Frage gestellt, wann eigentlich jemand ein falsches Bewußtsein hat. Und er weist mit Recht darauf hin, daß die Behauptung, jemand habe ein richtiges oder auch ein falsches Bewußtsein, eine normative Aussage ist, die nicht überprüft werden kann.[180]

Hier zeigt sich übrigens deutlich die Subjektbezogenheit der modernen Pädagogik. Gerade am Beispiel KLAFKI läßt sich das deutlich demonstrieren. Der frühe KLAFKI als Vertreter der kategorialen Bildung wußte noch, daß Erziehungsziele nicht formuliert werden können, wenn das Ich in seiner scheinbaren Allmächtigkeit in den Mittelpunkt des pädagogischen Denkens gerät, sondern daß ein Ich immer nur von einem Inhalt – das ist genau das, was wir Welt nennen – erschlossen werden kann. Immer

177 W. Klafki u. a., Kunk-Kolleg Erziehungswissenschaft 2. S. 51.

178 E. König, Theorie der Erziehungswissenschaft. Bd. 1. S. 190, Anmerkung.

179 W. Klafki, Erziehungswissenschaft als kritisch-konstruktive Theorie. S. 44f.

180 Vgl. L. Rössner, Kritische Pädagogik und ihre Zielproblematik in der Erziehung. In: Zur Zielproblematik in der Erziehung. M. Benden (Hrsg.). S. 78f und 82.

kommt erst die Sache, der Gegenstand in den Blick, bevor es um ein Ich gehen kann oder gar um gesellschaftliche Belange. So heißt es bei KLAFKI: „Bildung ist der Inbegriff von Vorgängen, in denen sich die Inhalte einer dinglichen und geistigen Wirklichkeit ‚erschließen', und dieser Vorgang ist – von der anderen Seite her gesehen – nichts anderes als das Sich-Erschließen bzw. Erschlossenwerden eines Menschen für jene Inhalte und ihren Zusammenhang als Wirklichkeit."[181] Das Phänomen der doppelseitigen Erschließung geht davon aus, daß immer erst ein Gegenstand da sein muß, bevor sich Denken ereignen und bevor Erschlossenheit eintreten kann. Wir sehen also beim vorkritischen KLAFKI deutlich zumindest Anklänge an, wenn auch nicht Deckungsgleichheit mit unserem Prinzip des In-der-Welt-Seins. Worin wir mit KLAFKI nicht übereinstimmen ist, daß er, aus der Tradition des neuhumanistischen Denkens kommend, das Denken als eine Kraft betrachtet, die der Mensch aufbringt. Hier ist der entscheidende Wendepunkt, der die Welt in ihrer Vorgängigkeit sieht, noch nicht erreicht und schon gar nicht überschritten. Diese Einstellung wird besonders dort deutlich, wo KLAFKI eben doch im „Stoff"-Denken verharrt. Die Welt ist und bleibt letztlich der Stoff, der, wie im Neuhumanismus, für das Subjekt da ist. Das ist auch eine Konsequenz der neukantianischen Pädagogik, die sich nicht von ungefähr als transzendentalkritische Pädagogik bezeichnet und irrtümlicherweise gelegentlich auch einfach mit normativer Pädagogik gleichgesetzt wird. Die transzendentalkritische Pädagogik geht denn auch, wie der Terminus besagt, vom Subjekt aus, demzufolge das Ich Leistungen vollbringt gemäß dem Ausspruch KANTS: „Ich nenne alle Erkenntnis transzendental, die sich nicht sowohl mit Gegenständen, sondern mit unserer Erkenntnisart von Gegenständen, insofern diese a priori möglich sein soll, beschäftigt."[182] Auch die pädagogische Fragestellung führt dann immer wieder zum Subjekt, d.h. auf das Ich zurück. So heißt bezeichnenderweise ein Aufsatz PETZELTS, der die Pädagogik aus transzendentalkritischer Sicht nach 1945 wieder mitbegründet hat, „Vom lieben Ich". PETZELT führt aus: „Das Ich kann kein Objekt für die Betrachtung sein, es betrachtet selbst. Das vollbringt es als eigenes Werk unter der Bedingung seiner Individualität. Die Sicht auf Objekte, auf Gegenständliches ist ihm eigen. Man muß von einer Gegenstandsgebundenheit sprechen. Man muß diese Gebundenheit des Ich als Moment seiner Natur ansetzen. Sie ist nicht erworben, auch nicht erwerbbar. In ihr fragt, begründet und antwortet das Ich. Seine grundsätzliche Gerichtetheit macht es, daß es sich am Fall des einzelnen entscheiden

181 W. Klafki, Studien zur Bildungstheorie und Didaktik. S. 43.
182 I. Kant, Kritik der reinen Vernunft A 12/B 26 – Ausgabe Weischedel, Bd. 3, S. 63.

kann. Es offenbart dann, wie es über seine grundsätzliche Gerichtetheit verfügt.“[183] So wird das Ich nicht nur die entscheidende Kraft für das Subjekt, sondern es trägt auch alles, beherrscht alles und besitzt sich schließlich auch selbst. Einfach alles kann von ihm gemacht werden, selbst seine eigene physische Einheit. Aber das Ich ist wohl auch sein eigener Gefangener; denn es kommt an die Grenze seiner selbst, die es nicht überschreiten kann.[184] Jeder Gegenstand schließlich ist Ich-bezogen. Das Bedenkliche daran: immer wird die Frage gestellt, was ein Gegenstand für das Ich wert ist. Hier läuft alles auf jene schon krankhafte Ich-Bezogenheit hinaus, die der Anfang jener Metasysteme mitverursacht hat, die wir in den letzten Kapiteln besprochen haben. Die Trennung von Gegenstand und Wert ist eine der gefährlichsten Stellen, an der notwendigerweise jene Omnipotenz des Ich deutlich wird, die willkürlich in immer neuen Variationen hergestellt wird. In diesem Denken liegt die Ursache für alle Metasysteme, aber wir können es auch als Konsequenz sehen; denn die Ichhaftigkeit des Denkens führt genau in das Denken der Metasysteme, so wie dieses Denken in Metasystemen wieder nur zur Ichhaftigkeit des Denkens führt. Am deutlichsten sehen wir das am Beispiel der technologischen Pädagogik und insbesondere an der Konstruktion von Curricula, die auch dann, wenn sie gesellschaftsbezogen sind, doch nur das Ich oder das Wir der vielen Einzel-Ichs thematisieren. Da waltet ein Teufelskreis der Trivialität des Technologischen oder Gesellschaftlichen, von dem aber kein Weg zur Welt führt, weil der Mensch in sein eigenes Ich eingemauert wird.[185]

4.6

Josef Derbolavs Praxeologie-Konzept

Unter Bezug auf Platon und Aristoteles und anschließend an die praktische Sinnstufentheorie Heintels und die theoretische Sinnstufentheorie Fischers, hat Derbolav eine Praxeologie vorgelegt, indem er die Sinntheorie Fischers – dieser hatte zwölf Sinnbereiche aufgestellt – überarbeitete und sein Ergebnis als Gelenkstück zwischen Wissenschaftstheorie und Gesellschaftstheorie[186], die auch in allen curricularen

183 A. Petzelt, Vom lieben Ich. In: Innerlichkeit und Erziehung. F. Pöggeler (Hrsg.). S. 17.

184 A. Petzelt, Grundzüge systematischer Pädagogik. S. 95.

185 Vgl. W. Braun, Emanzipation als pädagogisches Problem. S. 109.

186 Vgl. J. Derbolav, Pädagogik und Politik. S. 47.

Untersuchungen und Arbeiten zwei bedeutende Determinanten darstellen, anzusiedeln versucht. Die Praxeologie nimmt also ihren Ausgangspunkt von einer gesellschaftlichen Gesamtpraxis. Deren unterste Stufe ist die „Stufe der Naturwüchsigkeit", des unreflektierten Tuns.
Die Reflexion der Praxis führt dann zur „Rationalitäts-" oder „Entfremdungsstufe". Auf dieser Stufe bilden sich die Wissenschaftsdisziplinen aus. Die „regulative Idee" gibt das jeweilige Ziel an. Im Unterschied zu den zwölf Wissenschaftsaspekten FISCHERS kommt DERBOLAV zu insgesamt elf Lehr- und Gegenstandsfeldern der Forschung (später um eine erweitert). Es sind dies die Technik, die Ökonomik, die Wehrpraxis, die Rechtspraxis, die Politik, die Pädagogik, die Medizin, die Journalistik, die Kunstpraxis, die Religionspraxis (später auch noch die Familien- und Sozialpraxis). Das sind zunächst zehn Felder, in denen, auf eine Praxis aufbauend, eine Rationalitätsstufe gesetzt wird, auf der sich unter dem Primat der Erkenntnis – wie es nun einmal das Ziel der Wissenschaft ist – Wissenschaft entwickelt. Darüber hinaus gibt es als elftes Feld eine Wissenschaftspraxis, „in der die Forschung um ihrer selbst willen betrieben wird und die daher nur Erkenntniswissenschaften produziert. Hier aber hat die restliche Aspektreihe FISCHERS, die Reihe der Erkenntniswissenschaften: Semantik, Logik, Mathematik, Physik, Biologie, Psychologie, Sozialwissenschaften und Geistes(Gebilde)-wissenschaften, die drei zuletzt genannten mit Einschluß ihrer gesellschaftlichen Dimension, ihren Ort."[187]
WANDEL folgend muß man feststellen, daß diesem Ansatz ein gewisses „Begründungsdefizit"[188] eigen ist. Es scheint in der Tat etwas Willkürliches in den verschiedenen Feldern DERBOLAVS zu sein. Er gibt keinen Hinweis darauf, wie er zu dieser Strukturierung kommt und warum er die Politik in den Mittelpunkt dieser Strukturtheorie rückt. Es scheint keine ausreichende Legitimation, wenn DERBOLAV begründet, daß PLATON schon der Politik zugebilligt habe, sie sei eine königliche Kunst: „In ihrer Eigenschaft als Bildungspolitik ordnet und gestaltet sie auch die Pädagogik. Die Pädagogik ihrerseits erwidert diesen Dienst, indem sie ihrer Partnerin die heranwachsende Generation ‚politisch gebildet' zuführt und dadurch die Kontinuität des ‚politischen Geschäfts' sicherstellt."[189]
Nun kann man DERBOLAY sicher zugestehen, daß bei PLATON und ARISTOTELES der Begriff von Politik ein universeller war. Es fragt sich nur, ob ihn DERBOLAV nicht selbst in die Sicht des Partikulären rückt,

---

187 Ebenda.
188 F. Wandel, Prudentielle Traditionen der Praxeologie. In: Pädagogische Rundschau 34 (1980), S. 259-273.
189 J. Derbolav, Pädagogik und Politik. S. 10.

wenn er ihn doch sehr mit dem Begriff „Gesellschaft“ verquickt. So schreiben zwei seiner Schüler, KAISER und WILBERT: „Der Staat ist nach Derbolav definiert durch seine Souveränität, seine Rechtsstaatlichkeit [...], seinen legitimierten und unhintergehbaren Herrschaftsanspruch [...] und ist geprägt von demokratischen Strukturen [...]. Demgegenüber wird die Gesellschaft wenigstens teilweise als ‚naturwüchsig‘ bezeichnet, da sie ‚vordemokratische‘ Strukturen aufweist [...]. [Andererseits] wird eine ‚materiale‘ Verflechtung zwischen beiden angenommen [...], insofern gesellschaftliche Macht versucht, Einfluß auf staatliches Handeln zu gewinnen, ‚der staatlichen Macht materielle Grenzen‘ zu setzen. Doch ‚formell‘ bleibt der Staat letzte Entscheidungsinstanz.“[190] Wir meinen demgegenüber, daß eine saubere Trennung nicht vollzogen ist, vielleicht auch nicht vollzogen werden kann. DERBOLAV will seine Praxeologie zwischen den beiden Polen Wissenschaftstheorie und Gesellschaftstheorie ansiedeln und damit die Curriculumforschung zu einer Lösung bringen. Dabei hebt er vor allem auf ROBINSOHNS Analyse von Lebenssituationen ab, die bewältigt werden müssen, und meint, daß durch die schon genannten Einzelpraktiken der Praxeologie gerade in diese Situationsanalyse sehr viel mehr Klarheit gebracht werden könnte.[191] Aus den vorausgegangenen Erörterungen wissen wir, daß es sich dabei im wesentlichen um gesellschaftliche Situationen handelt.

Es bleibt die Tatsache bestehen, daß Gesellschaft und Staat in der gemeinsamen Teilpraktik „Politik“ als Herzstück der gesamten Praxeologie zusammengefaßt sind, deren regulative Ideen „Gemeinwohl“ und „Gerechtigkeit“ sind. Dabei ist fraglich, ob sich die Unterschiedlichkeit beider sowohl in materialer als auch in formaler Hinsicht den anderen Praktiken gegenüber mit „Ordnungs- und Zielfunktion“[192] hinreichend und zutreffend beschreiben läßt oder ob hier nicht vielmehr eine Harmonisierung und damit eine Verschleierung stattfindet. Tatsächlich sind doch Staat und Gesellschaft heute nur noch sehr schwer in Kongruenz zu bringen. Dort, wo es zum Konflikt kommt, – das zeigen alle Konfliktfälle nach dem Zweiten Weltkrieg – ist die Gesellschaft immer die erbitterte Gegnerin des Staates und die Anwältin des einzelnen gewesen. Insofern gehen die beiden Begriffe „politische Strukturtheorie“ und „Gesellschaftstheorie“ nicht ineinander auf, und wir betonen noch einmal, daß von diesem zentralen Punkt aus auch notwendigerweise eine Unklarheit in das gesamte Feld der Einzelpraktiken kommt, denn die

---

190 A. Kaiser/J. Wilbert, Restriktive Momente im Politikbegriff der Praxeologie. In: Kritik und Metakritik der Praxeologie. J. Derbolav (Hrsg.). S. 70.

191 Vgl. J. Derbolav, Pädagogik und Politik. S. 47.

192 Ebenda, S. 101.

Ordnungs- und Zielvorstellungen des Staates sind nicht oder zumindest nicht unbedingt auch die der Gesellschaft. Insbesondere fragt sich, ob sich im Felde der Politik Staat und Gesellschaft auch darin einig sein können, daß „Ungleichheiten" und „Herrschaftsverhältnisse"[193] abgebaut werden, oder ob das Gemeinwohl und die Gerechtigkeit nicht vielmehr eine solche Herrschaftsfunktion geradezu herausfordern. Das ist doch ein Problem, das wir jeden Tag erleben. Muß der Staat nicht gegenüber krawallmachenden Jugendlichen Herrschaft ausüben, soweit er die anderen Bürger vor Terror zu schützen hat?
Ein anderes Problem stellt die enge Verbindung von Pädagogik und Politik dar. Die Pädagogik soll der Politik, von der sie gestaltet und geordnet wird, diese Idee insofern konkretisiert zurückgeben, als sie „die heranwachsende Generation ‚politisch gebildet' der Politik wieder zuführt und dadurch die Kontinuität des ‚politischen Geschäfts' sicherstellt".[194] Ob sich hier das Streben des Individuums nach der regulativen Idee der Mündigkeit immer mit den regulativen Ideen einer konktreten Politik deckt?
Derbolav hat selbst festgestellt, daß die beiden Bereiche sich nicht immer sehr kooperativ zueinander verhalten haben. Immer wenn sie auf Distanz gehen, könnten „sich im pädagogischen Raum dogmatische Situationen bilden, die den Kontakt mit der Wirklichkeit verlieren. Die Pädagogiker erblicken dann von der Höhe ihrer ‚ewigen Kulturwerte' verächtlich herab auf die Welt der gesellschaftlichen Veränderungen und politischen Gestaltungen wie auf ein modisch wechselndes Schauspiel. Sie vergessen dabei, daß sie es dieser Welt verdanken, wenn sie in Ruhe wirken und ihren idealistischen Träumen nachhängen können. Es gibt freilich auch Zeiten, in denen beide Praktiken Interesse *füreinander* gewinnen und aufeinander energisch zugehen: in denen die Politik das Erziehungswesen zu erneuern und auf die Gesellschaft hin zu orientieren sucht und in denen die Pädagogik sich für ihre gesellschaftlichen Bedingungen zu interessieren beginnt und sich politisch engagiert."[195]
Ganz abgesehen davon, daß der letzte Satz wieder jenes ungeklärte Verhältnis von Politik bzw. Staat und Gesellschaft dokumentiert, spricht hier doch deutlich der Hegelianer Derbolav. Gerade wir Deutschen müßten bezüglich der Frage, ob Pädagogik und Politik ein engeres Verhältnis eingehen sollten, gebrannte Kinder sein. In unserer Geschichte haben wir eigentlich keine guten Erfahrungen damit gemacht. Der Gedanke der Nationalpädagogik hat bei uns in einer Staatspädagogik

---

193 Ebenda, S. 102.
194 Ebenda, S. 10.
195 Ebenda.

solchen Ausmaßes geendet, daß wir an das Thema Politik und Pädagogik, das SCHLEIERMACHER noch unvoreingenommen bearbeiten konnte, nur mit größter Vorsicht herangehen sollten. Aber auch im internationalen Vergleich fällt uns auf, daß eine zu enge Verbindung zwischen beiden Bereichen eigentlich keine guten Früchte getragen hat. Wir denken hier insbesondere auch an den staatsmonopolistischen Sozialismus und die Perversion von Erziehung in seinem Machtbereich. Nun mag man das ändern können. Ändern kann man aber nicht die Gefahr, die bei einer zu engen Kooperation bestehen bleibt. Diesen Gedanken hat in etwa HEINTEL aufgegriffen; er schreibt: „[... daß] sich Pädagogik wirklich zur Wehr setzen soll, wenn sie bildungspolitisch überfremdet wird, und ohne daß sie sich in die ‚splendid isolation' ihres ‚Mündigkeitspostulats' flüchtet und damit glaubt, ihr Auslangen zu finden."[196]

Wir sind mit HEINTEL der Auffassung, daß „im pädagogischen Handlungsfeld so recht kein Ansatzpunkt für politisches Handeln gefunden werden kann"[197]. Nach DERBOLAV ist das sehr wohl der Fall. Allerdings setzte diese Annahme eine ganz eigene Staats- und Gesellschaftstheorie voraus, und eine solche führt DERBOLAV nicht explizit aus.

Zwar befindet sich DERBOLAV, PLATON und ARISTOTELES folgend, mit der Verbindung von Pädagogik, Philosophie und Politik auf gesichertem Boden, aber im „Höhlengleichnis", einem Bestandteil der „Politeia", in dem PLATON die abendländische Pädagogik begründet, geht es nicht nur um den Staat, sondern um den Menschen, um den Sinn und die Krisis des menschlichen Seins und um die Führung des Menschen zur Wahrheit sowie um seinen Weg in der Welt. „Logos und Krisis des Seins geschieht als Paideia, als ‚Bildung', in der der Mensch sich in seine Menschlichkeit bringen läßt oder sich ihr entzieht."[198] So können wir aus dieser Perspektive feststellen, daß die Politik eher einen nachgeordneten Rang einnimmt als einen primären. Von daher verbietet sich wohl auch eine Dreiteilung der Sinndimension, wie sie DERBOLAV vornimmt. Er spricht von einem *kognitiven,* einem *technischen* und einem *praktischen* Sinn, den die Unterrichtsthemen haben müssen.[199] Ist das nicht schon ein Sich-Einlassen auf curriculare Dimensionen und damit eine Verfälschung der Position PLATONS, dem es um das In-die-Wahrheit-Kommen des Menschen geht? Der Menschwerdung des Menschen sind also andere Dinge

196 P. Heintel, Pädagogik und Politik. Kritisch-thesenhafte Anmerkungen zu Derbolavs praxeologischem Ansatz. In: Kritik und Metakritik der Praxeologie. J. Derbolav (Hrsg.). S. 56f.

197 Ebenda.

198 Th. Ballauff, Die Idee der Paideia. Eine Studie zu Platons „Höhlengleichnis" und Parmenides' „Lehrgedicht". S. 19.

199 Vgl. P. Heintel, Pädagogik und Politik, a.a.O., S. 12.

vorgelagert, die eigentlich auch bei PLATON erst sekundär sind. KAISER sieht – und hierin stimmen wir mit ihm überein – in DERBOLAVS Praxeologie-Entwurf auch eine Gesellschaftstheorie beinhaltet, die insofern integralistisch ist, als sie einen reibungslosen Ablauf der Einzelpraktiken für wünschenswert hält.[200] Es bleibt ungeklärt, ob DERBOLAV eine Staatstheorie oder eine Gesellschaftstheorie entwerfen will.

Vergleicht man die Praxeologie DERBOLAVS mit den vergleichbaren Metasystemen, so ergeben sich einige nicht unerhebliche neue Aspekte. Positiv zu sehen ist die Tatsache, daß es keine Differenz zwischen sogenannten Tatsachen und Werten gibt, im Gegenteil es gibt einen Sollens- und damit einen Sinnzusammenhang. Der Ausgangspunkt von der Praxis, d. h. von der vorwissenschaftlichen Stufe der „Naturwüchsigkeit“, führt in einer Stufenfolge bis zu den höchsten Stufen der metatheoretischen Reflexion. Die einzelnen Praktiken sind somit in ihrem Binnenfeld dialektisch strukturiert. „Die Strukturtheorie versteht sich also primär deskriptiv-explikativ, doch erhält sie auch eine präskriptive Tendenz im Sinne einer allgemeinen regulativen Praxisorientierung, die auf den konkreten Stufen der Theoriebildung – wir nennen hier im Vorgriff die Demokratietheorien und die politischen Programmtheorien – fortschreitend, intensiviert wird und schließlich den Charakter ideologischer Handlungsnormierung annimmt.“[201] Dadurch wird aber noch etwas anderes vermieden: Es findet keine Ideologisierung statt, wie wir es beim Kritischen Rationalismus oder in der Kritischen Theorie gesehen haben. Nun ist die Strukturtheorie DERBOLAVS vielleicht mit diesen nicht ganz zu vergleichen, denn er will die Praxeologie eben mehr *zwischen* der Wissenschaftstheorie und einer Theorie von der Gesellschaft angesiedelt wissen. DERBOLAV selbst antwortete einmal auf die Frage, was die Praxeologie eigentlich sei: „Noch kann ich selber nicht eindeutig sagen, was Praxeologie eigentlich ist, sondern eher, was sie nicht ist.“[202] Tatsächlich ist der Begriff „Praxeologie“ nicht ganz eindeutig zu definieren. Daher nimmt DERBOLAV in neueren Veröffentlichungen immer wieder einen Anlauf, den Ort der Praxeologie genauer zu bestimmen und den Interpretationsrahmen zu beschreiben.

Um auf den Begriff der Ideologisierung noch einmal zurückzukommen: Liegt nicht in der Tatsache, daß die Politik in eine Schlüsselfunktion

---

200 Vgl. A. Kaiser, Praxeologie: Integrationstheorie der Gesellschaft – Zwangstheorie der Politik. In: Kritik und Metakritik der Praxeologie. J. Derbolav (Hrsg.). S. 64.

201 J. Derbolav, Die politische Strukturtheorie zwischen Wissenschaftspliralismus und Ideologiekritik. In: Kritik und Metakritik der Praxeologie. J. Derbolav (Hrsg.) S. 9.

202 J. Derbolav, Metapraxeologische Überlegungen zur Praxeologie. Zum Verhältnis von Praxeologie und Fundamentalphilosophie und zur Neueinführung der Familien- und Sozialpraxis. In: Pädagogische Rundschau 32 (1978), S. 548.

gestellt wird, eine Art Ideologisierung vor, die aber wohl anders zu werten ist als die Ideologisierung in den Wissenschaftstheorien? Gehen wir wieder von der Tatsache des In-der-Welt-Seins des Menschen aus, so können wir den Begriff „Politik", im PLATONschen Sinne gefaßt, universal setzen und ihn beinahe mit der „Welt" identifizieren, müssen aber sogleich darauf hinweisen, daß er mit der heutigen Wirklichkeit nicht mehr übereinstimmt. Rückt der Begriff der „Politik" aber mehr auf Staat oder Gesellschaft hin, wie wir ihn heute verstehen, so wird nicht auszuschließen sein, daß hier wieder der Wille als Motiv allen politischen Handelns auftritt und die Dinge nicht von den Sachen selbst, sondern von einem Ich bzw. dem Wir „vermachtet" werden, so daß auch die von DERBOLAV gestellte Frage nach dem Abbau von Herrschaft[203] eher negativ als positiv zu beantworten ist. DERBOLAV gibt selbst die Antwort auf die Frage nach der Stellung der Politik im Rahmen des Gesamtpraktiken: „[...] die Politik hat die Aufgabe, den Willen aller Glieder der Gemeinschaft so zu normieren, daß das Gerechtigkeitspostulat möglichst erfüllt ist."[204]

Auch in der Praxeologie DERBOLAVs sehen wir also gewisse metasystematische Züge, die uns zumindest auf den ersten Blick betroffen machen, wenn wir erkennen, daß versucht wird, Welt durch den Willen in den Griff zu bekommen. Die Praxeologie enthält darüber hinaus den Anspruch, daß letztlich auch im Rahmen ihrer Einzelpraktiken Erziehung ein mittelbares und planbares Geschehen ist, das vollrationalisiert werden soll. Damit gelangen wir doch wieder an den Punkt, den wir bei den anderen metasystematischen Ansätzen schon kritisiert haben: Der unmittelbare Bezug von Mensch und Welt, das Ineinander-verschränkt-Sein der beiden und die dauernde und ständige Angewiesenheit des Menschen auf die Vorgängigkeit der Welt werden zu leicht übersehen oder geringgeschätzt.

Nach DERBOLAV sind „alle Praktiken [...] von Rechtsverhältnissen durchzogen, denen letztlich vertragliche Bindungen zugrunde liegen. Daß die Vertragsbedingungen gerecht sind, d. h. dem mehrheitlich anerkannten Gleichheitsmaße entsprechen, darauf in erster Linie zielt die Politik mit ihrem Ordnungswillen ab [...]."[205] Gerade hier sehen wir wieder deutlich, daß das Prinzip des Wohlwollens in seiner Unmittelbarkeit zugunsten eines Metasystems aufgegeben worden ist, denn das Gerechtigkeitspostulat, das hier mit dem Gleichheitsmaß in Verbindung gebracht wird, ist wieder ein Willensmotiv, das auf der gesellschaftlichen

---

203 Vgl. J. Derbolav, Pädagogik und Politik. S. 52.
204 Ebenda, S. 101.
205 Ebenda.

Ebene liegt. Über seine Berechtigung oder Nichtberechtigung soll nur so viel gesagt werden: Es kann nicht darum gehen – wenigstens nicht in der Pädagogik –, jedem das Gleiche, sondern jedem das Seine zu geben. Auch darin zeigt sich wieder die Fragwürdigkeit der Fesselung der Pädagogik an die Politik. Hier bestätigt sich auch noch einmal das Argument HEINTELS, daß Pädagogik und Politik weniger miteinander zu tun haben, als DERBOLAV annimmt. Was für die eine Praktik gut und gerechtfertigt ist, muß für die andere Praktik noch nicht gelten.
Nun hat DERBOLAV allerdings versucht, seine Praxeologie neuerdings immer mehr als eine „Theorie der Normativität"[206] zu explizieren. Damit setzt er sie in den Rahmen seiner früher schon geäußerten pädagogischen und anthropologischen Grundgedanken. Daraus sieht man, daß die Praxeologie nicht schlechthin eine gesamtgesellschaftliche Praxis abbilden will, sondern im Grunde genommen für den Menschen da ist, damit er zu seiner Menschlichkeit kommen kann. So bleibt DERBOLAV nicht bei einem Normenverständnis stehen, das von den Bedürfnissen des Menschen und der Gesellschaft ausgeht, sondern intendiert die Inanspruchnahme. Die „normative Welt" ist für DERBOLAV immer schon da. „Normativ" ist freilich eher einschränkend zu verstehen und erweckt Assoziationen an die Geisteswissenschaftliche Pädagogik. Aber nicht nur die „normative Welt" ist uns vorgegeben, sondern die ganze Welt, die die existentielle Grundlage unseres Lebens darstellt. Wenn wir nur die „normative Welt" als vorgegeben betrachten, kommen wir leicht in das Dilemma, daß die erfahrbare und die normative Welt auseinanderdividiert werden.
Ähnliche, wenn nicht sogar gleiche Auffassungen scheint es auch dort zu geben, wo DERBOLAV von der Bedeutung der Nahbeziehungen für die Entwicklung des Gewissens spricht. Insofern scheinen auch die „regulativen Ideen" der einzelnen Praxisfelder: Gemeinwohl, Gerechtigkeit, Mündigkeit, Gesundheit, Rechtssicherheit, Frieden, Wohlausgestattetheit mit Mitteln, Wohlversorgtheit, aufgeklärte Rationalität, geläuterte Menschlichkeit und gläubige Liebe (später auch Liebe und Hilfe zur Selbsthilfe)[207] – nur der Versuch zu sein, das zu thematisieren, was wir das In-der-Welt-Sein genannt haben. Gleichwohl mag die Gefahr bestehen, daß diese „regulativen Ideen" wieder als Leitideen für mögliche Sozialisationsprozesse verstanden werden, womit wir erneut bei einem Metasystem wären, das zu einem Verhalten, aber nicht zu Haltungen

206 J. Derbolav, Der Beitrag der Praxeologie zu einer „Theorie der Normativität". In: Vierteljahresschrift für wissenschaftliche Pädagogik 55 (1979), 4, S. 420–441.

207 Vgl. J. Derbolav, Pädagogik und Politik. Anhang; ders.: Metapraxeologische Überlegungen zur Praxeologie, a.a.O., S. 559.

führen kann. Daß DERBOLAV die Grundlage von Normen nicht im Verhalten, sondern in „Selbstverpflichtungen“ sieht, zeigt uns, daß er, ganz ähnlich wie wir, davon ausgeht, daß der individuelle Lebenssinn zwar da ist, aber doch immer erst gesucht und gefunden werden muß. Das bedeutet schwierige Auseinandersetzungen mit der Welt. Aber dieser Lebenssinn als „Selbstverpflichtung“ kann nur gefunden werden, wenn der „naturwüchsige“ Raum des gelebten Lebens weit offengehalten wird. Die Stufe der Naturwüchsigkeit erlangt so eine ganz besondere Bedeutung, denn diese ist tagtäglich neu vom Individuum zu beschreiten, so wie wir es in der „wohlwollenden“ Zuwendung zu Mitmenschen und Welt aufgezeigt haben. Gerade für die „Selbstverpflichtungen“ im Feld der Erziehung muß die „Ratinalitäts- oder Entfremdungsstufe“ eng an diese „Naturwüchsigkeit“ gekoppelt bleiben, wenn es nicht allzu früh und zu rasch zu metasystematischen Formeln kommen soll, auf die besser verzichtet werden kann. Die ganze Breite des Lebens muß um der Welt und des Menschen willen in die Erziehung hereinströmen, damit Haltungen gefunden werden können. Denn die Rationalitätsstufe ist zwar für den Wissenschaftler wichtig, aber sie entfremdet eben den Menschen von sich selbst wie auch von der Welt. Sie führt nur zu blutleeren Formeln, weil das pulsierende Leben ganz anders ist. Haltungen, von denen im nächsten Kapitel mehr gesagt werden soll, sind nicht als Gewöhnungen zu verstehen, sondern als Fähigkeiten, den Anspruch der Welt zu vernehmen und ihm zu entsprechen.

5

Die Bedeutung des In-der-Welt-Seins für die Frage nach den Erziehungszielen

Im Rahmen der bisherigen Überlegungen ist implizit und explizit schon einiges über das In-der-Welt-Sein und seine Bedeutung für die Erziehung gesagt worden. Das ist geschehen jeweils im Anschluß an die Darstellung der einzelnen Metasysteme. Wir wollen uns jetzt einer systematischen Betrachtung dieses Problems stellen, wohl wissend, daß das eine schwere Aufgabe ist, die auch nicht, wie es die vorgestellten Metasysteme tun, ein für allemal gelöst werden kann, sondern die immer wieder für jedes Individuum und auch für dieses nicht nur einmal, sondern immer wieder gestellt werden muß.

Wir haben bisher festgehalten, daß Ich und Welt nicht voneinander getrennt werden können, ja daß die Welt vor dem Ich war und daß das Zur-Welt-Kommen eines Menschen bedeutet, daß er in eine Erschlossenheit kommt. Aber was uns noch fehlt, ist eigentlich eine genauere Antwort auf die Frage: Was ist Welt? HEIDEGGER hat – ganz im Gegensatz zu seiner sonstigen Konzeption – sehr anschaulich dazu folgendes geäußert: „Welt ist nicht die bloße Ansammlung der vorhandenen abzählbaren oder unabzählbaren bekannten oder unbekannten Dinge. Welt ist aber auch nicht ein nur eingebildeter zur Summe des Vorhandenen hinzu vorgestellter Rahmen. Welt weltet und ist seiender als das Greifbare und Vernehmbare, worin wir uns heimisch glauben. Welt ist nie ein Gegenstand, der vor uns steht und angeschaut werden kann. Welt ist das immer Ungegenständliche, dem wir unterstehen, solange die Bahn von Geburt und Tod, Segen und Fluch uns in das Sein entrückt halten. Wo die wesenhaften Entscheidungen unserer Geschichte fallen, von uns übernommen und verlassen, verkannt und wieder erfragt, da weltet die Welt.“[208] Damit soll also gesagt werden, daß Welt nicht nur räumlich und gegenständlich ist und auch nicht nur das positiv Gegebene umfaßt, sondern daß sie an sich schon immer eine transzendente Struktur hat, d.h. nicht auf ein Bewußtsein bezogen ist. Wenn vom Heimisch-Sein die Rede ist, von Geburt und Tod, von Segen und Fluch, so verweist das

208 M. Heidegger, Holzwege. S. 33.

auf die Zeitlichkeit der Welt. Welt ist nicht in dem Sinne, wie ein Stein, ein Tier oder ein Baum ist, obgleich sie etwas Seiendes ist, sondern Welt hat man, wie es an sich ja auch schon durch die Formel „In-der-Welt-Sein" zum Ausdruck gebracht wird. „Dagegen hat die Bäuerin eine Welt, weil sie sich im Offenen des Seienden aufhält. Das Zeug gibt in seiner Verläßlichkeit der Welt eine eigene Notwendigkeit und Nähe. Indem eine Welt sich öffnet, bekommen alle Dinge ihre Weile und Eile, ihre Ferne und Nähe, ihre Weite und Enge."[209]

Wenn die Bäuerin eine Welt hat, dann hat auch der Arbeiter, der Techniker, der Wissenschaftler, der Müllwerker seine Welt. Im Welt-Haben liegt also für jeden Menschen die Möglichkeit und Notwendigkeit der Individuation, d.h., jeder hat *seine* Welt, und damit ist sogar die „radikalste Individuation" gegeben. Damit ist aber auch gesagt, daß zum In-der-Welt-Sein des Menschen auch die Arbeit – HEIDEGGER spricht vom „Werk" – gehört; denn im Werk wird eine Welt errichtet.[210] Damit ergeben sich Beziehungen zu dem, was wir bereits von der regulativen Idee „Wohlwollen" gesagt haben. Wir hatten ausgeführt, daß es sich um eine „unreflektierte Unmittelbarkeit"[211] handelt, und das können wir nun auch für das Welt-Haben und für das In-der-Welt-Sein sagen. Wir hatten ferner festgestellt, daß es sich um eine situative Aussage handelt. Auch das gilt für das In-der-Welt-Sein und für das Welt-Haben. Insofern kann Erziehung eigentlich nicht geplant werden, sondern sie findet eben dadurch statt, daß ein Ich in der Welt ist, von dieser Welt *in Anspruch genommen wird* auf *seine* Arbeit und *sein* Werk. Aber auch die dort genannten Prinzipien der *Verborgenheit,* von *Sinn und Sorge* und der *Nähe* sind direkt hierher übertragbar.

Das Werk, von dem ein Mensch in Anspruch genommen wird, steht, gerade weil es aus der situativen und unreflektierten Unmittelbarkeit kommt, zwar in der Offenheit des Seins, läßt aber nicht immer eine genaue Einordnung in die Welt zu, weil das Sein des Seienden bis zum Tod verborgen ist. Und doch tut der Mensch alles, was er tut und wann er wirkt, weil das *sein Sinn* ist, den er in dieser Welt gefunden hat und den er mit jedem weiteren Werk findet. Schließlich übernimmt er damit *Sorge* für die Welt. Jedes Werk ist ein Beitrag des In-Anspruch-Genommenen zu Sinn und Sorge. Beide können aber nur in Erfüllung gehen, wenn das Ganze die notwendige Konkretion hat. Das ist das, was wir das Prinzip der Nähe genannt haben. Sinn kann nicht etwas Abstraktes haben, sondern etwas, worunter sich der Mensch sehr konkret etwas vorstellen

---

209 Ebenda, S. 34.
210 Vgl. ebenda.
211 Vgl. Seite 35f.

kann. Dazu muß eine Sache in der Nähe liegen und muß, wie wir oben sagten, „Aufforderungscharakter" haben.
BOLLNOW hat in diesem Zusammenhang von der Krise und der Erweckung gesprochen. Die Krise ist eine Störung des alltäglichen Lebenslaufs, die sich durch Plötzlichkeit in ihrem Auftreten und gewöhnlich auch durch eine ungeheure Intensität auszeichnet. Beide Momente sind Voraussetzung für eine Krise. Die Krise bricht in der unreflektierten Unmittelbarkeit auf. In ihr drücken sich Sinnsuche und Sorge aus, weil der Mensch sich entscheiden muß. BOLLNOW nennt neben dem Moment der Entscheidung auch das der Reinigung: Die Krise bringt also eine Befreiung von unnötigem Ballast. Auch die Erweckung kennt – ganz ähnlich – die Momente der Plötzlichkeit und Intensität. BOLLNOW spricht sogar von der Umwendung von einem „Nicht-so-sein-sollen" in ein „Sein-sollen"[212], so daß die Erweckung einen Übergangscharakter hat.
Das In-der-Welt-Sein ist eine radikale Anfrage an den Sinn *meines* Leben und hat nichts, aber auch überhaupt nichts mit gesellschaftlichen Problemen zu tun. Im Gegenteil, alle diese sogenannten gesellschaftlichen Fragen verdunkeln, in einer das Wesen des Individuums verwirrenden Weise, das Eigentliche, in dem ich mich befinde und was ich zu verantworten habe. Was soll da beispielsweise die Frage, ob das Gesellschaftssystem ein Harmonie- oder ein Konfliktsystem ist? Diese Fragestellung ist eine Verfälschung des „Ich-bin-in-der-Welt". Oktroyiert man dem Menschen diese und ähnliche Fragestellungen auf, braucht man sich nicht zu wundern, wenn er sich widerwillig und mit Protest von diesen artifiziellen Fragen abwendet und einen Gegensinn sucht und auch findet.
Das heißt selbstverständlich nicht, daß der Mensch als radikaler Individualist erzogen werden soll. In der Problematik des In-der-Welt-Seins ist eo ipso eine „soziale" Problematik insofern enthalten, als In-der-Welt-Sein eben bedeutet, daß ich bei etwas bin, und eben dieses Beisein sagt schon, daß der Frage nachgegangen werden muß, wovon ich eigentlich in Anspruch genommen werde. Daß es da sowohl Menschen als auch Sachen gibt, die in Anspruch nehmen, versteht sich fast von selbst. Auch Sorge und Verantwortung verweisen ganz in diese Richtung. Hier bedarf es keines Erziehungs- oder Lernziels „Solidarität" oder „Toleranz", die als nichts anderes denn als künstlich aufgesetzte Ideologie empfunden werden. Hinter derartigen Erziehungszielen stecken für das kindliche und jugendliche Verständnis doch nur leerformelhafte Abstraktionen. Etwas sehr Wichtiges wird deutlich: Es geht immer darum, daß etwas ins Werk

212 Vgl. O. F. Bollnow, Existenzphilosophie und Pädagogik. S. 28 und 47.

gesetzt wird, doch ist das nicht etwas, was von mir gewollt ist, sondern etwas, auf das hin Welt mich in Anspruch nimmt. Daraus können wir sehen, daß „Welt [...] das Ganze [ist], in dem ein jedes auf das andere und das Ganze verweisend Sinn hat. Die Welt ist die Ordnung, innerhalb derer das Sich-Einfügende Sinn hat, das Widerstrebende aber, das aus dem Zusammenhang Herausfallende und ihn Störende sinnlos wird. Welt ist die größte, alles, mich und das andere, das Subjekt und die Objekte, umfassende Geordnetheit."[213] Damit wird zugleich gesagt, daß die Gesellschaft und das Ich, löst man sie von der Welt los, eben nicht jenes Ganze umfassen, weil sie – immer ihre Abspaltung von der Welt vorausgesetzt – nur partikular sein können und mit der Partikularität eben kein Sinn mehr gefunden wird.

Ist aber die moderne Pädagogik bzw. Erziehungswissenschaft nicht gerade darauf bedacht, daß der Mensch Aktionen unternimmt und so dem „Werk" Rechnung trägt? Doch diese Aktionen sind nicht das, was wir mit Ins-Werk-Setzen meinen. Bei solcher Aktionsforschung ist immer die Rede vom „Kommunikations- und Interaktionsmuster", vom „sozialen Feld", vom „System" und von den „Veränderungsprozessen". Gemeint sind natürlich nur gesellschaftliche Systeme und gesellschaftliche Veränderungsprozesse, die gerade das, was wir „Welt" nennen, gar nicht beinhalten und auch gar nicht treffen. Ins-Werk-Setzen meint dagegen etwas ganz anderes. Ein Werk wird immer aus dem Sinnhorizont und Anspruch der Welt und nicht dem eines gesellschaftlichen Systems und damit auch nicht, ohne die geschichtliche Position bedacht zu haben, gesetzt. Dabei wird gerade die Einmaligkeit des Ich in seiner Situation herausgestellt. Immer stehen sich Ich und Welt gegenüber, die eben das Ganze des Handlungsbereichs ausmachen und nicht nur „parteilich" sind, auch nicht nur partikularen Interessen dienen und auch viel weiter reichen, als man einen politischen Handlungszusamenhang im weitesten Sinn auslegen kann. So ist die folgende Passage über action research geradezu eine Aufforderung zur Un-Ordnung und damit auch zum Un-Sinn: „Die Problemauswahl ist prinzipiell beliebig, da grundsätzlich alle Subsysteme als gleichwertig und damit auch soziale Probleme als gleich relevant angesehen werden. Indem der Forscher sich in das soziale System begibt und die gemeinsame Verständigungsbasis mit den Individuen des Systems sucht, ist er gezwungen, die Subjekt-Objekt-Differenz zu den Erforschten in diesem Zusammenhang aufzugeben: Dadurch aber, daß er die Erforschten nicht primär als Konsubjekte in einem gemeinsamen Kommunikationsprozeß betrachtet, sondern als Rollenträger im System, distanziert er sich in der systemtheoretischen Reflexion zugleich von

213 M. Müller, Existenzphilosophie im geistigen Leben der Gegenwart. S. 135.

ihnen und führt so die Trennung wieder ein."[214] Das Problem ist aber gar nicht, ob und wann die Subjekt-Objekt-Differenz aufgehoben und wieder hergestellt werden kann; das Problem ist vielmehr, daß Transzendenzen im Werk freigesetzt werden.

MÜLLER unterscheidet eine dreifache Transzendenz: die Transzendenz zum Sein, ihr folgt die Transzendenz zur Welt und schließlich die Transzendenz zum Wesen, zu einem Wesen, zu dem der Mensch immer auf dem Wege ist, das also nicht von vornherein feststeht, sondern dynamisch ist. „[...] der Denker, der Künstler, der Techniker, der Politiker, sie haben einen je anderen Grundort und damit ein je anderes Wesen, zu dem hin sie transzendieren, für das sie frei, offen sind. Welt und Wesen sind offenbar als unsere zu ergreifende geschichtliche, d. h. aber je andere Aufgabe der Selbstverwirklichung. Wenn ich so nicht einfach bin, sondern zu sein habe, d. h. mich zu meinem geschichtlichen Wesen und zu meiner geschichtlichen Welt als meiner offenbaren Aufgabe erst entscheiden muß, so stehe ich einerseits *über* der Welt und andererseits *über* mir selbst und meinem Wesen, zu welchem ich ja freilich Stellung nehme, d. h., ich stehe über der Subjekt-Objekt-Korrelation, habe mich von der Befangenheit und von der Ausgeliefertheit an die Objekte und von der Gebundenheit an mich selbst als Subjekt bereits gelöst. Und aus dieser gelösten und absoluten ‚Distanz' sind beide als Aufgabe mir offenbar."[215] Hier ist also nichts der Beliebigkeit anheimgestellt, obwohl Freiheit herrscht. Es wird auch keine Verständigungsbasis gesucht, sondern die Wahrheit. Schließlich gibt es keine Subsysteme, sondern die Offenheit des Menschen. Erziehung zeichnet sich in ihrem Wert oder Unwert gerade dadurch aus, daß sie das Transzendieren lehrt.

Aber wird hier überhaupt noch etwas verändert, oder bleibt hier nicht vielmehr alles beim alten, und gibt es überhaupt keinen Fortschritt mehr? Das ist gerade der Denkfehler der Sozialtechnologen. Mit jedem Menschen, der neu geboren wird, wird etwas verändert, sofern er den einmaligen geschichtlichen Anspruch, der an ihn gestellt wird, hört und nicht überhört. Überhaupt wird mit allem und jedem, was er ins Werk setzt, Welt und damit auch Gesellschaft verändert. Wir brauchen keine action research, sondern wir haben nur notwendig, daß jeder Mensch in das Offene des Seins gestellt wird und er einsichtig und besonnen handelt und nicht *seinen* Willen in den Vordergrund stellt, sondern daß es ihm um

---

214 J. Klüver/H. Krieger, Aktionsforschung und soziologische Theorien. In: F. Haag u. a., Aktionsforschung: Forschungsstrategien, Forschungsfelder und Forschungspläne. S. 87.

215 M. Müller, Existenzphilosophie im geistigen Leben der Gegenwart. S. 174f.

das „Besorgen“ von Aufgaben geht. Was ist dagegen die action research? Es ist ein Herumbasteln an Zielen, die in Wirklichkeit gar keine sind. Es geht nur um ein Machen in „Aktionen“, in Beschäftigung, in Betrieb, der sinn- und wesenslos ist.

Hier liegt auch der Denkfehler einer jeden technologischen Pädagogik, gleich welcher Couleur sie ist. Man kann nicht, wie beispielsweise auch Brezinka es meint, in der Pädagogik dadurch vorankommen, daß man operationalisierte Erziehungs- und Lernziele entwickelt, in der Meinung, man könnte dadurch einen Fortschritt erzielen, indem man nicht immer wieder bei jedem Menschen neu anfangen müßte. Weil jeder Mensch in die Offenheit des Denkens immer erst wieder neu geraten muß – das ist das Wesen der Menschlichkeit –, bleibt gar nichts anders übrig, als immer wieder neu anzufangen. Gerade an dieser Stelle wird bei allen technologischen Ansätzen eigentlich ein menschenverachtendes Moment deutlich. Dieser evolutive Gedanke, man könne die Menschheit weiterentwickeln, indem man nicht immer bei jedem Menschen wieder am Punkt Null anfangen muß, spukt ja schon durch das 19. Jahrhundert und ist insbesondere vom Sozialismus aufgenommen worden. Dieser mißachtet den Menschen als Einzelwesen. Die Rede von der Selbstverwirklichung ist somit gar nicht ernst gemeint, sondern nur ein Fetisch. Der Mensch wird ja immer nur in der Zweck-Mittel-Relation gesehen, und das ist eben nicht die Frage nach dem Stehen im Offenen. Deswegen sind die Erziehungs- und Lernziele in der technologischen Pädagogik auch alle oder fast alle Handlungsanweisungen. Es gibt aber keine pervertiertere Pädagogik und auch keine menschenunwürdigere als die, die dem Menschen Anweisungen für das geben will, was er tun soll. Was er tun soll, muß er nämlich selber wissen. Das kann ihm niemand abnehmen, denn das hängt von den Situationen (Krisen) ab, in die er gerät, und natürlich von seinem Gewissen. Der wirklich Erzogene zeigt sich darin, daß er eben gerade nicht im Sinne einer Disponiertheit handelt, sondern darin, daß er sich der Situation stellt und sittlich verantwortlich handelt.

Auch Ballauff definiert eine Art Erziehungsziel: „In Erziehung und Unterricht sollte jeder von uns dazu kommen, das, was er ‚an sich‘ ist, nämlich Denker und Sprecher der Wahrheit, auch ‚für sich‘ zu werden“.[216] Natürlich wird von der pädagogischen Technologie eine solche Definition nicht nur für viel zu schwer, sondern auch für zu vage gehalten. Wir konzidieren, daß sie nicht einfach ist, aber ob sie auch vage ist, möchten wir doch bestreiten. Das ist natürlich eine Frage des Aspekts. Wenn ich den Menschen nur in der Zweck-Mittel-Relation sehe, dann ist

216 Th. Ballauff, Skeptische Didaktik. S. 25.

diese Formulierung natürlich recht unbestimmt, denn sie ist ontologisch zu verstehen, während die Technologie dieses Problem pragmatisch und vor allem technologisch angeht. Hier gibt es keine Brücke, sondern nur eine Entscheidung für die einer oder andere Seite. Wer, wie SKINNER, das menschliche Wesen als ein Wesen ansieht, das im Prinzip mit der Ratte zu vergleichen ist, den kann man durch noch so viele Argumente nicht umzustimmen versuchen. Die Erziehungsziele, die durch die Technologen gesetzt werden, empfindet der ontologisch denkende Pädagoge eher als trivial.

Man könnte gegen die BALLAUFFsche Aussage einwenden, daß sie allzu formal sei und damit so allgemein, daß sie inhaltlich nichts mehr hergebe. Nun kann eine formale Definition eines Erziehungszieles tatsächlich einen Mangel an inhaltlicher Füllung bedeuten. Es kann aber auch möglich sein, daß eine formale Definition deswegen formal ist, weil sie bestimmten Konkretionen gegenüber offenbleiben soll.

Die BALLAUFFsche Aussage ist zwar sehr formal, aber doch von großem Gehalt. Und es fragt sich, warum wohl eine solche formale Aussage gewählt oder in Kauf genommen worden ist. Es ist interessant, daß bisher in der deutschen Pädagogik immer nur die Diskussion um das Thema geführt worden ist, daß formale Erziehungsziele nichts oder nicht viel leisten. Nie aber ist die Frage gestellt worden, warum man wohl auf formale Definitionen ausgewichen ist. Die technologische Pädagogik hat im Gegenschlag versucht, recht konkrete und abprüfbare Lernziele aufzustellen, die oft der Trivialität nicht entbehren. Es ist doch ganz offensichtlich so, daß auch für eine formale Formulierung von Erziehungszielen nicht wenige Gründe sprechen; allerdings muß man eine Einschränkung machen, sofern sie wirklich auf den Menschen und die Welt zielen und nicht statisch auf ein Verhalten, sondern auf einen Prozeß gerichtet sind und damit den Menschen in jene schon viel zitierte Offenheit stellen. Beispielsweise ist die völlig eindeutige Anweisung, daß die Schüler im Laufe des 1. Schuljahres Schreiben und Lesen lernen sollen, kein Erziehungsziel, wie wir es verstehen, obgleich es ein notwendiges Lernziel ist. (Auf diesen Unterschied wollen wir später noch eingehen.) Mit einem derartigen Lernziel wird der Mensch nicht ins Offene, ins Denken gestellt, obwohl ein solches Ziel ein Mittel dazu sein kann, daß er dieses Ziel überhaupt erreicht.

Eines ist uns aber bisher klar geworden: Auch wenn wir den Menschen in seiner existentiellen Situation sehen, können wir doch nicht darauf verzichten, daß bestimmte wünschbare „Verhaltensweisen“ in der Welt als Ziel formuliert werden, wenn wir nicht überhaupt auf jede Zielvorstellung – und das wäre eine Reduktion der Pädagogik – von vornherein verzichten wollen. Das würde uns in ein Chaos führen. Auch

eine Pädagogik, die das sich ständig ändernde In-der-Welt-Sein des Menschen und damit seine Krisenhaftigkeit betont, muß trotzdem unbedingt Ziele erstellen. Es fragt sich nur welche.
Es wäre also sicher eine reizvolle Aufgabe, in der Geschichte nach Erziehungszielen Ausschau zu halten, die prozeßhaft formuliert sind und sich auf Mensch und Welt richten. Doch kann hier diese Aufgabe nicht bewältigt werden. In die Diskussion um die Erziehungsziele hat nach dem Zweiten Weltkrieg ERLINGHAGEN mit einer beachtenswerten Arbeit eingegriffen. Er hat die Meinung vertreten, daß die Schwierigkeit darin liegt, daß Begriffe wie „Bildungsideal", „Idee" und „Erziehungsziel" nicht präzise genug seien. „Je allgemeiner Ideal, Idee und Zielwert, um so mehr verlieren sie ihre historische Besonderung und werden rein formal, vor allem dort, wo ein allgemeingültiges Ziel aufgestellt wird, kann nichts übrigbleiben als ein formaler Begriff, der zwar für den jeweiligen Autor auf dem Hintergrund einer für ihn lebendigen Kultur und durch diese erzieherische Bedeutung haben mag, aber als reiner Begriff, reine Idee und reines Ziel wenig Kraft zeigt."[217] Nun scheint es uns nicht mehr so sehr von Bedeutung, daß ein Erziehungsziel eine große Kraft besitzt; denn in der pluralen Gesellschaft gibt es bei der Konkurrenz der Zielvorstellungen ohnehin keine allgemein verbindlichen Erziehungsziele mehr, sondern das, was da mit „Kraft" ausgedrückt ist, ist vielmehr oft eine Frage, zu welcher Gruppe man gehört und in welchen gesellschaftlichen Schichten jemand lebt. Kurzum die Erziehungsziele oder Bildungsideale haben von sich aus heute kaum „Kraft", sondern sie werden nicht ohne Hilfe der Kommunikationsmittel zu einer „Kraft" gemacht, die manchmal eher als eine Modetorheit denn als eine Weisheit anmutet. Im übrigen kann ein wirkliches Erziehungsziel nicht sehr konkret sein – und hier müssen wir der Kritik ERLINGHAGENS widersprechen, wenn er das Formale an den Bildungsidealen bzw. Erziehungszielen der Vergangenheit moniert. „Die Beziehung zum Leben ist durchschnitten, sobald es formuliert wird."[218] Das stimmt aber nur dann, wenn man das Bildungsideal als etwas Starres betrachtet, was gerade Denker, die aus der scholastischen Philosophie kommen, gerne tun, weil sie eine Wesensaussage darin sehen, und damit ist zugleich der Vollkommenheitsgedanke verbunden.[219] Dementsprechend definiert ERLINGHAGEN „die drei Grundbedeutungen des Wortes Ideal, wie wir es in unserer heutigen Sprache gebrauchen [...]:

217 K. Erlinghagen, Vom Bildungsideal zur Lebensordnung. S. 89.
218 Ebenda, S. 71.
219 Vgl. ebenda, S. 15.

1. Das nur in der Vorstellung Vorhandene,
2. das Vollkommene und Mustergültige (Ziel) und
3. das Bildhafte-Anschauliche."[220]

Die Diskussion darüber, ob Bildungsideale erreicht werden können und müssen, ist in der Fragestellung der existentiellen Pädagogik gar nicht enthalten. Das Bildungsideal oder Erziehungsziel in dieser Form gibt nicht etwa eine Vollkommenheit, schon gar nicht ein Wesen an, sondern allenfalls eine Richtung, in der sich der Mensch mit der Welt auseinanderzusetzen hat, was also einen Prozeß darstellt. Ein richtiges Bildungsideal zeigt einen Weg auf das In-der-Welt-Sein des Menschen dergestalt, daß es einen Sinn von Welt vermittelt oder besser eigentlich Vor-Sinn hat. Damit meinen wir genau dasselbe wie Erschlossenheit. Der Sinn ist ja nicht etwas, was der Mensch von sich mit auf die Welt bringt, sondern der Sinn ist immer schon da, wenn auch zunächst in der allgemeinen Form der Erschlossenheit, was wir eben Vor-Sinn genannt haben. Die eigentliche Sinnerschließung des Daseins ist ein prozeßhaftes Geschehen, in das der Mensch mehr und mehr hineinwächst.

ERLINGHAGEN ist allerdings der Meinung, daß durch den Ausdruck „Sinn" nicht viel gewonnen worden sei. „Wird ‚Sinn' auf Ideen, Wert, moralische Grundsätze bezogen, dann bleibt er und auch das aus ihm gewonnene Bildungsideal ebenso ideell und abstrakt wie dieses; wird aber der ‚Sinn' gefunden in Beziehung auf historisch geformte Gebilde wie Familie, Staat, Volk und Kulturgemeinschaft, so ist der Sinn nicht mehr in der Lage, ein allgemeines Bildungsideal zu bieten."[221] Das aber scheint uns ein Denkfehler zu sein. ERLINGHAGEN geht nämlich von den Voraussetzungen DILTHEYS aus, d.h., daß Kultur erst sinnbezogen ist, nur das von Menschenhand Geschaffene einen Sinn hat.

Kultur könnte also nur dort entstehen, wo ein Wille vorhanden ist und wo dieser Wille objektive historische Gebilde schafft, so daß dann von einem Werk des Menschen die Rede wäre. Sinn wäre demnach eine Leistung des Menschen. Aber Sinn ist, wie wir gesehen haben, in der Erschlossenheit des In-der-Welt-Seins des Menschen schon gegeben. Sinn liegt schon vor jeder Kultur, was übrigens auch der Gewährsmann ERLINGHAGENS, OTTO, mit dem er sich auseinandersetzt, feststellt, der „ein sinnbezogenes vorhistorisch-sinnhaftes Erziehungsideal zu ergründen" sucht, „das frei ist von den engeren Bestimmungen der historisch gewordenen Kultur"[222]. Wir sehen daraus, daß es auch in der vorexistenzphilophischen Pädagogik Bestrebungen gegeben hat, den Sinn

220 Ebenda, S. 16.
221 Ebenda, S. 94.
222 E. Otto, Allgemeine Erziehungslehre. S. 4.

nicht von der Kultur, die bereits ein sekundäres System darstellt, abzuleiten, sondern von davorliegenden Strukturen, die allerdings bei OTTO nicht so deutlich herausgearbeitet sind. Insofern kann man sagen, daß es einen Sinn schlechthin gibt, der „vorhistorisch" und „überhistorisch" ist, wie ERLINGHAGEN es ausdrückt.[223] Wer bei der Kultur erst ansetzt, ist allzuschnell auch bei der Gesellschaft, dem Individuum, dem Wert, und das ist eben nicht das erste, sondern die Welt und ihre Erschlossenheit gehen dem voraus. Darin liegt das von ERLINGHAGEN gesuchte Ziel aller Erziehung. Wir stimmen mit ihm überein, daß Erziehung, wenn sie wirklich gelingen soll, ein universales Ziel haben muß. Der Erzieher muß wissen, daß er erst, dieses Ziel bewußt vor Augen, tatsächlich erziehen kann.[224]

Wenn wir das In-der-Welt-Sein des Menschen als oberstes Ziel betrachten, wie können wir dieses Ziel explizieren? Denn wir brauchen außer dem Globalziel auch Einzelziele in der Erziehung, die zum In-der-Welt-Sein hinführen bzw. auf dieses bezogen sind.

Bei unseren Überlegungen haben wir eine große Gefahr zu meiden, der auch die historische Schule DILTHEYS erlegen ist: Wir dürfen Welt und Gesellschaft nicht miteinander verwechseln. Es ist verständlich, daß alle Vertreter dieser Schule gegen jedes Erziehungsziel, das die Zeiten überdauert, opponieren, weil sie sagen, daß nur jede Zeit für sich entsprechende Ziele formulieren könne. Das Problematische steckt aber gerade in dem Zeitbegriff: gemeint ist eine Epoche. Aber wieso ist eine solche Epoche bzw. sind die Zeitgenossen einer Epoche in der Lage, Erziehungsziele zu formulieren? Doch offenbar nur deswegen, weil sie besser als alle anderen wissen, was ihrer Zeit gut tut, was für sie nötig ist. Damit ist aber so etwas wie eine Zweck-Mittel-Relation eröffnet. Man verzichtet auf epochenübergreifende Erziehungsziele, weil man glaubt, so aktueller sein zu können, besser auf die „Anforderungen", „Bedürfnisse", oder wie immer man es nennen will, dieser konkreten Zeit, des hic et nunc, eingehen zu können und auch zu sollen. Dagegen muß man natürlich einwenden, daß es keine größere Aktualität gibt als das In-der-Welt-Sein des Menschen. Ob diese Aktualität je überholt werden kann, und ob sie sich nicht täglich neu stellt? Natürlich muß man den Anhängern DILTHEYS insofern recht geben, als sie sich auf das Wesenhafte, das Mustergültige und Vollkommene beziehen. Damit kommt eine eigenartige Starre in das Erziehungsziel. Das Aufgeben der zeitüberdauernden Ziele hat die ich- und gesellschaftsrelevante Problematik in einer Weise ins Spiel gebracht, daß jedes universale Ziel überhaupt vergessen worden

---

223 Vgl. ebenda.

224 Vgl. K. Erlinghagen. Vom Bildungsideal zur Lebensordnung. S. 95.

ist. Von daher lag es nahe, daß man Ausschau hielt nach etwas anderem. Die einen suchten das Heil in der Wissenschaft, die anderen in der Gesellschaft und wieder andere im Ich und seinen Bedürfnissen.
Die moderne Wissenschaft behauptet von sich gar nicht mehr, daß sie etwas über die Welt aussagen kann. POPPERS Scheinwerfertheorie ist ein beredter Beweis dafür. Aber auch HABERMAS und die Vertreter der Kritischen Theorie sind in der Theorie vom erkenntnisleitenden Interesse so sehr befangen, daß entweder nur noch die Gesellschaft oder nur das Ich gesehen wird. All diese fragwürdigen Schemata lassen sich überhaupt nie konkret prüfen. Es ist ein Verdienst der Existenzphilosophie, wieder einmal auf Grund gestoßen zu sein, indem sie dem Menschen gezeigt hat, daß das Grundlegende unseres Daseins das In-der-Welt-Sein ist, und das ist eine so kategoriale und fundamentale Aufgabe, daß wir sie beinahe banal nennen möchten. Aber es scheint eben so zu sein, daß in der Wissenschaft auch Selbstverständlichkeiten gelegentlich vergessen werden und wieder ins Gedächtnis zurückgerufen werden müssen.
Die Psychoanalyse ihrerseits hat Verdienste aufzuweisen, weil gerade sie versucht hat, das Gesellschaftssystem kritisch zu hinterfragen. Sie ist dabei allerdings auch nicht sehr viel weiter gekommen im Hinblick auf die Welt; sie hat einiges über das Ich zu sagen gewußt, dabei sind manch extreme Fehlaussagen und -urteile produziert worden, die deswegen nicht ausbleiben konnten, weil das In-der-Welt-Sein des Ich nicht gesehen und daher nicht beachtet worden ist.
Wie kann die Formel vom In-der-Welt-Sein expliziert werden? Unsere bisherige Aussagen ergänzend, läßt sich das zusammenfassen wie folgt:

1. Erziehungsziele können und dürfen niemals „wertfrei" formuliert sein, denn die Welt und das In-der-Welt-Sein sind nicht wertfrei. Die Welt ist kein Wert in dem üblichen Sinne, sondern sie ist das Haus, in dem wir leben und unser Dasein verbringen müssen. Insofern ist die Welt auch keine Norm, sondern sie ist einfach das Fluidum, in dem wir uns befinden. Sie ist die Grundlage unserer Existenz, die uns immer wieder herausfordert, in Wort und Tat Verantwortung zu übernehmen. Wir existieren nur, weil wir in der Welt sind. Aber umkehren können wir diesen Satz nicht. Vielleicht können wir noch am ehesten sagen, daß das In-der-Welt-Sein die grundlegende und umfassende Kategorie des Menschseins überhaupt ist.
2. Da wir in der Welt sind, sind wir immer im Offenen. Das Offene ist keine Leere, sondern immer ein sinnträchtiges Gefüge, weil Welt haben und Sinn haben dasselbe ist. Welt haben ist daher die Spezialisierung des Menschen wie auch seine Konkretion. Daher können Erziehungsziele keine Verhaltensweisen beschreiben. Das Tier verhält sich, weil es vom Instinkt reguliert wird. Der Mensch aber steht immer in der

Freiheit, und das bedeutet, daß er nicht beispielsweise zum Frieden erzogen werden kann oder zur Solidarität oder zu welchem Ziel auch immer, indem man diese Ziele im Sinne einer technischen Qualität zu operationalisieren und zu evaluieren versucht. Der Mensch läßt sich gar nicht festlegen. Die Forderung, die jedes Staatssystem gerne an die Erziehung stellt, den Menschen für sich zu erziehen, ist eine unmögliche Forderung, die die Pädagogik auch dann pervertiert, wenn sie für den demokratischen Staat erziehen soll, worauf wir schon in früheren Kapiteln hingewiesen haben. Der Katzenjammer kommt dann immer recht bald. So wurde die Erziehung für das verantwortlich gemacht, was unter dem Nationalsozialismus geschehen ist, und sie wird auch (jetzt) wieder für das verantwortlich gemacht, was wir an negativen Erscheinungen bei der (heutigen) Jugend erleben. Aber diese Argumentation ist in der Form zu vordergründig, wobei wir nicht nur nicht bestreiten, daß unsere heutige Erziehung nicht in Ordnung ist, sondern dies hier ja wiederholt behauptet haben – nur wir können uns nicht auf eine Argumentation einlassen, die das Gelingen oder Mißlingen einer Erziehung von politischen Maßstäben abhängig macht. Das gilt auch für die Konfliktmodelle, die aus der Kritischen Theorie hervorgegangen sind. Man mißt ja auch nicht die Qualitäten eines Menschen an dem, was und wieviel er gegessen hat. Noch niemand hat sich bereit gefunden, einmal aufzuschreiben, was an Güte und Menschlichkeit in einer so grausamen Zeit wie der des Nationalsozialismus noch zu finden gewesen ist. Es wäre wohl auch ein unmögliches Unterfangen. „Die Unmöglichkeit, das Gute zu definieren, drückt die platonische und neuplatonische Darstellung durch das ‚epikeina' aus: Das agathon liegt über allen Ideen. Doch überall am Seienden taucht das Gute auf als seine ihm eigene mögliche Vollkommenheit und stellt die Aufgabe, ein jedes zu vollenden. Daher ist auch unser Alltag durchwaltet von diesem Wissen um die jeweils vorausgesetzte und zu erreichende Güte. Überall prüfen wir Sache und Ware, Werk und Ausführung auf ihre Güte. Freude, Beglückung werden uns zuteil, wenn die Lösung einer Aufgabe geschafft ist, ein Werk vollendet wurde, ein Unternehmen gelang, d.h. wenn Seiendes in die ihm angemessenen Verhältnisse gestellt wurde, wenn es als solches ‚zustande gekommen' ist; mit anderen Worten, wenn es *ist* und nicht zuschaden kam oder zerstört wurde."[225]

3. Die gesellschaftlichen und politischen Verhältnisse werden sich ohnehin zum Guten wenden, wenn das Ich sein In-der-Welt-Sein gelernt hat. Das heißt aber, daß alle Erziehungsziele immer nur auf diese

225 Th. Ballauff, Skeptische Didaktik. S. 105.

vorgegebene Sinnstruktur gerichtet sein müssen, wobei das Ich-Sagen eben keine Konstituierung dieses Ich als Opposition zur Welt ist, sondern die Tatsache anzeigt, daß ein Ich sein Leben in dieser Wohnung begonnen hat und damit sich ständig neu auseinandersetzt. Deswegen müssen die Erziehungsziele dem Ich den Sinngrund der „Welt" eröffnen, d. h., sie müssen personal sein, wobei wir wieder darauf hinweisen, daß wir mit „personal" eben nichts Fertiges, Endgültiges meinen, sondern immer nur etwas, was sich auf dem Wege befindet. Der Mensch ist insofern ein personales Wesen, als er jeden Tag neu gezwungen ist, sein Dasein in der Welt zu verwirklichen. Der Zwang der Selbstverwirklichung geht nicht vom Ich aus, das ist ja, wie wir bereits festgestellt haben, derart fest mit der Welt verbunden, daß es keine Möglichkeiten gibt, aus dieser Welt auszutreten. Das ist sozusagen der einzige Zwang, der hier waltet. Überall steht der Mensch in der Freiheit, d. h., daß wir uns entscheiden müssen, ob wir in die Alltäglichkeit des Man zurückverfallen oder unsere Existenz verwirklichen wollen. Unaufhebbar aber ist die Gebundenheit des Ich an die Welt. Das ist das eigentlich Personale, daß wir ohne die Welt als „Maske" uns nicht selbst verwirklichen können. Wir müssen durch dieses Gefüge hindurch. Es gibt keinen anderen Weg für das Ich. Deswegen dürfen Erziehungsziele gerade keine Ziele sein, die von der Gesellschaft und für die Gesellschaft sind, auch nicht vom Erzieher oder für die Erzieher. Auch hier unterscheiden wir uns ganz wesentlich von Auffassungen, die Erziehung als soziales Handeln interpretieren wollen.[226] Erziehung kann, wenn dieses Wort einen Sinn haben soll, überhaupt nur personales Handeln intendieren. Dabei stellt sich natürlich die Frage, ob wir zwischen dem personalen und sozialen Handeln überhaupt einen Unterschied machen wollen. Daß de facto heute eine solche Unterscheidung vorgenommen wird, zeigt aber, wie schief die Diskussion in der modernen Pädagogik liegt. Die Begriffe „personal" und „sozial" gegeneinander auszuspielen ist ein Unding, es sei denn – und das ist ja offensichtlich bei den heutigen metasystematischen Ansätzen der Fall – man will mit dem Begriff „sozial" eben die Gesellschaftsabhängigkeit und -bezogenheit des menschlichen Wesens demonstrieren.

Zwischen „personal" und „sozial" sind aber insofern keine Unterschiede, als das soziale Element in einem richtig verstandenen personalen Begriff immer schon enthalten ist. Das geht übrigens schon daraus hervor, daß das Ich in der Welt ist. In diesem Faktum ist die

226 Vgl. W. Brezinka, Grundbegriffe der Erziehungswissenschaft. S. 75ff.

Personalität wie auch die Sozialität in einer viel umfassenderen Weise beinhaltet als in jedem gesellschaftlichen Bezugssystem. Wir haben schon festgestellt, daß das Ich sowohl in der Welt ist als auch ihr gegenübersteht. Das ist das Urbild der Verschränkung von Personalität und Sozialität, wie es nicht besser gezeichnet werden kann. Aber diese Verschränkung ist eben nicht nur auf die Ambivalenz von Ich und Gesellschaft gegründet, sondern auf die geschichtliche Dimension, in der das personale wie auch das soziale Element immer gesehen werden müssen und in der sie stehen. Gerade aus diesem Zusammenspiel ergibt sich die Einmaligkeit dieses Wesens „Mensch", das nur diese *seine* Aufgabe in Raum und Zeit zu erfüllen hat. Sie ist immer personal und sozial zugleich.

4. Daraus resultiert schließlich, daß alle Erziehungsziele, die die Qualität einer technischen Perfektion haben, d. h., die man operationalisierbar und evaluierbar machen will oder dafür hält, überhaupt keine Erziehungsziele in unserem Sinne darstellen, weil sie zunächst einmal, eben weil sie gesellschaftliche Ziele sind, den einzelnen überhaupt in seinem Dasein meistens nicht treffen, sondern ihn *nur* als gesellschaftliches Wesen sehen. Sie können nichts zur Problematik des In-der-Welt-Seins des Menschen beitragen. Wir brauchen uns gar nicht zu wundern, wenn wir heute den absurden Zustand vorfinden, daß auf der einen Seite große Erwartungen an die Erziehung gestellt werden, andererseits aber bei den Kindern und Jugendlichen eine große Interesselosigkeit an Erziehung und an Erziehungsinstitutionen besteht. Wer dem jungen Menschen nichts mehr für seine existentielle Situation zu sagen weiß, wird auch kein Gehör mehr finden. Dabei stellt sich immer deutlicher heraus, daß z. B. ein Erziehungsziel wie „Erziehung zur sexuellen Partnerschaft" entweder in platter Aufklärung oder in einer Anleitung zu gewissen Praktiken endet, die mit personaler Liebe nichts mehr zu tun haben. Gerade an diesem Beispiel zeigt sich der Unterschied zwischen dem, was wir technische Perfektion genannt haben und was eigentlich personale Konkretion sein sollte. Die technische Perfektion zielt auf Verhaltensweisen und ist daher abprüfbar, während die personale Konkretion zwar eine Antwort gibt auf die existentiellen Fragen des Menschen, aber natürlich nur eine Konkretion in nuce aufzeigen kann. Was ist das? Eine Konkretion in nuce ist eine Antwort, die zwar allgemein ist, aber doch auch so konkret, daß jeder für sich und sein Dasein etwas daraus entnehmen kann. Die letzte Konkretion kann freilich nicht gegeben werden, denn sie hängt ja von dem täglich neu zu vollbringenden Lebens- und Sinngefüge ab. Von der Verwirklichung dieses Anspruchs her muß also in allen Haltungen, wie wir dieses Ziele nennen möchten,

gerade ein personaler Entscheidungsraum erhalten bleiben. Haltungen sind Weisen des menschlichen Umgangs mit der Welt.

Wenn wir also, um einige Beispiele BREZINKAS zu gebrauchen, Erziehungsziele aufstellen, wie zur Ehrlichkeit, zur Tapferkeit, zur Wahrheitsliebe, zur Urteilsfähigkeit, zur Wahrhaftigkeit und zur Sachlichkeit erziehen[227], so sind das keine Leerformeln, mit denen man nichts anfangen kann, sondern alle hier genannten Ziele erfüllen unsere Forderungen nach personaler Konkretion, wie wir sie beschrieben haben. Dennoch ist der Vorwurf ernst zu nehmen: „Es dürfte kaum ein Persönlichkeitsmerkmal [geben], das irgendjemand für wertvoll hält, kaum eine Tugend, ein Wissen, ein Können, eine Fähigkeit oder Handlungsbereitschaft [...], die nicht schon zum Ziel der Erziehung erklärt worden sind."[228] Kann man wirklich jedes beliebige Ziel zu einem Erziehungsziel machen, oder gibt es da gewisse Voraussetzungen, unter welchen Umständen ein Ziel auch ein Erziehungsziel werden kann? Die Antwort darauf ist nicht schwer zu geben. Ein Ziel kann nur dann Erziehungsziel werden, wenn es die Unmittelbarkeit des menschlichen In-der-Welt-Seins trifft. Wahrscheinlich sind die obengenannten Ziele zwar nicht falsch, aber im Grunde genommen nur ein Teil, eine Hierarchie von Erziehungszielen, die man zusammenfassen kann. Wir finden diese Erziehungsziele grundgelegt in dem, was die aristotelische und mittelalterliche Philosophie die vier Kardinaltugenden genannt hat: Klugheit, Tapferkeit, Maß und Gerechtigkeit. Nicht ohne Grund führen wir sie in dieser Reihenfolge auf, die aus unserer Gesamtkonzeption deutlich wird. Sie sind exakt die pädagogische Antwort auf die existentielle Grundbefindlichkeit des Menschen, die in einer umfassenden Weise zu Haltungen führt, die das gesamte In-der-Welt-Sein des Menschen bestimmen und zur Daseinsbewältigung führen können, freilich nicht eo ipso führen müssen. Insofern können wir sie auch pädagogische Normen nennen. Sie beantworten die Existentialien Angst, Geworfenheit, Gewissen und Sorge.
Die Klugheit: Die Klugheit ergibt die Haltung schlechthin, die den Menschen instand setzt, alles umsichtig ins Werk zu setzen, was für sein In-der-Welt-Sein notwendig ist. Es ist einfach das „‚vollendete Können', kraft dessen der Mensch, wenn das Plötzliche vor ihn hintritt, nicht reflexhaft die Augen schließt und dann blindlings, wenn auch vielleicht mit lärmender Vehemenz, irgend etwas tut, sondern kraft dessen eher rasch, aber dennoch offenen und sachlichen Blickes sich für das Gute zu

227 Vgl. ebenda, S. 101.
228 Ebenda, S. 102.

entscheiden vermag und damit gegen die Versuchung zur Ungerechtigkeit, zur Feigheit, zur Maßlosigkeit".[229]
Diese Umsichtigkeit erfordert freilich ein Können und damit auch ein Kennen der Dinge, in dem also das Wissen vor das Ge-wissen gebracht wird. Aber man darf Klugheit nicht nur auf Erkenntnis und Wissen verengen, sie wirkt sich auch im Handeln aus. Klugheit zielt nicht auf wissenschaftliche Erkenntnis. Sie darf hier nicht als die Eigenschaft verstanden werden, die einem Gelehrten oder Wissenschaftler not tut (obwohl ein Wissenschaftler natürlich nicht unklug sein soll), sondern sie ist auf allen Ebenen, ohne an einen bestimmten Beruf zu denken, die Haltung und Fähigkeit, etwas richtig ins Werk zu setzen, um es auch in der rechten Weise zu vollenden. In diesem Sinne kann jeder Mensch, gleichgültig was er in der Welt auch tut, ein kluger und weiser Mensch werden, um sich selbst zu verwirklichen. ARISTOTELES nennt insofern „Weisheit die vollendeste Form von Erkenntnis", die auch – und das ist für unsere Überlegungen, die wir schon angestellt haben, wichtig – über aller Staatskunst und aller sittlichen Einsicht steht. Denn nicht diese sind die Vollendung der Wissenschaft, „es sei denn", so bemerkt ARISTOTELES, „der Mensch wäre das höchstwertige Wesen im Weltenall", womit er also sagen will, daß der Mensch nicht an höchster Stelle im Kosmos steht. Dieser Einwand habe kein Gewicht: „Denn es gibt Wesenheiten, deren Natur sogar den Menschen an göttlichem Rang weit übertrifft – um nur die sichtbarsten zu nennen: Die (Gestirne), aus denen das All aufgebaut ist."[230]
Diese Einbindung des Menschen in den Kosmos zeigt auch deutlich, was unter Klugheit oder Weisheit zu verstehen ist. Es handelt sich nicht einfach um ein Alleswissen, sondern vielmehr um die Fähigkeit, alles an seinem Ort richtig einzuordnen und die richtigen Maßstäbe anzulegen, vor allem aber die Bedeutung des eigenen Ich in Zusammenhang mit der Welt, d. h. mit Sachen und Mitmenschen feststellen zu können. Damit hebt sich Klugheit von der von LOCKE postulierten Weltklugheit ab, die nichts anderes als eine empiristisch-rationalistische Cleverness ist. In der Cleverness aber steckt schon jener Umgang mit Menschen und Sachen, die besagt, daß ich jemand zu meinem Vorteile ausnutze. Die Klugheit weiß um die Bedeutung des Ich, aber auch um die der Welt. Nichts wird hier unter-, aber auch nichts wird überschätzt, alles hat seinen Platz und seine Ordnung. Dabei ist natürlich nicht gesagt, daß nicht auch hier Konflikte auftreten können, aber der Kluge weiß, daß der Konflikt nicht

229 J. Pieper, Traktat über die Klugheit. S. 34.
230 Aristoteles, Nikomachische Ethik. Buch VI, [1140b–1141a 19; 1141a 19–b3] S. 161f.

um des Konfliktes, sondern um der Ordnung willen da ist. Klugheit weiß um diese letzte Ordnung. Es könnte überhaupt keine Klugheit geben, wenn der Konflikt das Letzte wäre, auf das hin alles angelegt ist.

Die Tapferkeit: Daß dem im beschriebenen Sinne so ist, geht nun daraus hervor, daß unmittelbar auf die Klugheit die Tapferkeit folgt. PIEPER setzt bei der Tapferkeit die Möglichkeit der Verwundbarkeit voraus.[231] Es versteht sich von selbst, wer nicht verwundbar ist, kann überhaupt nicht tapfer sein, braucht auch gar keine Tapferkeit, ja ist noch nicht einmal imstande, überhaupt zu verstehen, was Tapferkeit, aber auch nicht, was Feigheit ist. Das, was den Menschen am meisten verwundet, ist die Tatsache, daß sein Leben ein Leben zum Tode ist. Das ständige Wissen um den Tod, der das Ende des Daseins bedeutet, ist die Furcht vor dem Tod. Aber das ist nur *das* konkrete Ereignis, das den Menschen versehrt macht. Das In-der-Welt-Sein überhaupt gibt zwar einerseits Geborgenheit, andererseits aber auch das unbestimmte Geworfensein. Gerade das Nicht-Wissen um mein Dasein, wie es bis zum absoluten Endpunkt, nämlich dem Tode, verlaufen wird, setzt die Angst ins Werk. Sie liegt auf einer tieferen Ebene als die Furcht. Sie gehört zum Wesen des Daseins überhaupt. Die Angst zeichnet sich immer dadurch aus, daß es bei ihr kein Wovor gibt. Das allgemeinste Wovor ist die Tatsache, daß alles ein Wagnis bleibt, aber eine größere Konkretion kann es nicht geben. Es kann aus der unbestimmten Angst eine konkrete Furchtsituation werden, wenn sich die Angst auf einen Gegenstand hin zu verdichten beginnt.

Die Tapferkeit ist die pädagogische Antwort auf die Angst und auf die Furcht zugleich. Zunächst könnte man sagen, daß sie ganz generell um die Verwundbarkeit dieses meines Daseins weiß und nicht einfach ausweicht, sondern sich dieser Verwundbarkeit stellt. Die Tapferkeit, die zur Bewältigung des Daseins gebraucht wird, ist also nicht blind, sondern – und hier wird der Zusammenhang von Klugheit und Tapferkeit überaus deutlich – sie hat Augen durch die Klugheit aufgesetzt bekommen. Sie weiß um das, was not-wendig ist. Das heißt, daß Tapferkeit also kein Draufgängertum ist, das die Gefahren mißachtet oder vor ihnen die Augen schließen würde, sondern sie nimmt diese Gefahr da, wo es nötig ist, ganz bewußt in Kauf.

Eine andere Frage ist allerdings, woher die Tapferkeit ihre Kraft nimmt. THOMAS VON AQUIN sagt: „Wegen des Guten setzt der Tapfere sich der Gefahr des Todes aus.[232] Der Kluge ist also tapfer, weil er den Kampf für das Gute auf sich nimmt und nicht um der Tapferkeit, sondern

231 J. Pieper, Vom Sinn der Tapferkeit, S. 27.
232 S. Thomae Aquinatis Summa theologica II, II, 125 2 ad 2.

um des Guten willen. „Darum ist die Tapferkeit, obwohl sie vom Menschen das Schwerste fordert, doch nicht die erste und größte unter den Tugenden. Denn nicht das Schwere und nicht die Anstrengung machen die Tugend, sondern einzig das Gute.“[233] Wir möchten noch einen Schritt weitergehen. Die Formel vom Guten braucht nicht im Formalen zu bleiben, sondern kann durchaus konkretisiert werden. Wir gehen wieder vom In-der-Welt-Sein aus. Das Dasein drängt von sich aus zur Bewältigung. Wir können sagen, daß das Dasein die Tendenz zur Bewältigung hat und nicht zur Nichtbewältigung. Noch anders ausgedrückt: Das In-der-Welt-Sein ist von der Welt wie auch vom Ich her darauf angelegt, es zu einem „guten“ Ende zu bringen, obgleich der Tod dem entgegenzustehen scheint. Aber das ist nur scheinbar. Das Wissen um den Tod lähmt nicht, sondern treibt geradezu zur Selbstverwirklichung an. Sonst hätte das Dasein keinen Sinn, weil die Sorge und die Verantwortung absolute Leerstellen wären, die im Leben des Menschen nicht zum Tragen kommen können. Die Selbstverwirklichung geschieht allerdings nicht um des Ich willen, sondern um der Welt willen, die dieses Ich in Anspruch nimmt und um derentwillen es sich transzendiert im Sinne jener dreifachen Transzendenz, die wir oben beschrieben haben.[234]

Das Problem der Tapferkeit ist auch das Konfliktproblem. Das In-der-Welt-Sein ist immer konfliktreich. Schon im „Ich-bin-da“ drückt sich ein Konflikt aus, nämlich im Offenen zu stehen, denn das Offensein will bewältigt sein, wenn es nicht in die Leere laufen soll. Wie abstrakt sind dagegen alle gesellschaftlichen Konflikte, die da als Ersatz für den Konflikt „Ich-bin-da“ angeboten werden! Sie sind nur dazu da, den Menschen von seinem Eigentlichen abzulenken, ihm einen Ersatzsinn anzubieten und ihn von der wirklichen Schwelle, nämlich dem Tod, den er eines Tages zu überschreiten hat, wegzubringen und ihn damit um den Sinn, nämlich *seinen* Sinn, zu bringen. Der Tapfere kann nur tapfer sein, weil er um den Sinn des Ganzen weiß, und nicht, weil er den Konflikt um des Konfliktes willen anstrebt.

Erziehung hat deshalb einen Beitrag zur Lebensmeisterung zu geben, indem sie dem Sinn des In-der-Welt-Seins nicht ausweicht und auch darauf hinerzieht, daß dieses Dasein mühselig ist und immer wieder neu ertragen werden muß. Das ist eine sehr bedeutsame Erziehungsfrage. Ihr Fehlen sehen wir heute an manigfaltigen Symptomen, nicht zuletzt an steigender Sinnverfehlung und Leere. Hier zeigt sich, daß sich das „Ich-

233 J. Pieper, Vom Sinn der Tapferkeit. S. 35.
234 Siehe Seite 113.

bin-da" immer wieder in Ambivalenzen verstrickt. Hier hat Erziehung die immer neue Aufgabe, aus der Alltäglichkeit der Gesellschaftlichkeit herauszuführen; denn der, der darin gefangen bleibt, kann gerade nicht ein tapferer Mensch werden.

Das Maß: In unseren Überlegungen um die beiden Kardinaltugenden Klugheit und Tapferkeit ist immer wieder eines deutlich geworden: Weder der Kluge noch der Tapfere kommt ohne eine Besonnenheit auf das Ganze aus. Maßhalten ist also ebenso wie Klugsein und Tapfersein dem Dasein inhärent. Vielleicht fehlt unserer Zeit gerade diese Fähigkeit am meisten, in der es offenbar nur um Extreme geht. Der Extremist – hier nicht nur politisch verstanden – ist ein Grundübel unserer Zeit. In ihm sehen wir die Maßlosigkeit, die am Werk ist. Freilich haben das 19. und frühe 20. Jahrhundert das Maßhalten auch dadurch in Verruf gebracht, daß man es für eine Mittelmäßigkeit ausgegeben hat. Dabei haben wir gerade in unseren Tagen erlebt, wie wir über unser eigentliches Maß hinausgeschossen sind und über unsere Verhältnisse gelebt haben. Bei ARISTOTELES heißt es: „Daß also sittliche Tüchtigkeit eine Mitte ist und in welchem Sinn sie dies ist und daß sie Mitte zwischen zwei falschen Umständen ist, nämlich zwischen dem des Übermaßes und dem der Unzulänglichkeit, und daß sie solcher Art ist, weil ihr Wesensmerkmal eben darin besteht, bei irrationalen Regungen und beim Handeln nach dem Mittleren zu zielen [...]."[235] Ein mittleres Maß anlegen bedeutet also nicht, mittelmäßig zu sein, sondern im Grunde genommen dasselbe, was wir schon bei der Klugheit gesehen haben: das Ganze zu betrachten in allen Bezügen. Wer das tut und alles be-denkt, wird nicht umhin können, alle Extreme zu vermeiden und ein mittleres Maß anzulegen. Nur wer das gelernt hat und kann, mag von sich behaupten, daß er es mit dem In-der-Welt-Sein ernst nimmt. Radikalität bringt immer die Zerstörung von Sinnzusammenhängen, zerstört die Erschlossenheit, in der der Mensch steht, weil sie blind macht. Wenn PIEPER sagt, daß es bei Zucht und Maß darum gehe, „in sich selber Ordnung [zu] verwirklichen"[236], dann könnte das so klingen, als ob es eben nur um ein Ich ginge. Aber es geht auch um die Welt, um Mitmenschen und Sachen. Und daran wird nun ja auch die „selbstlose Selbstbewahrung"[237] deutlich im Gegensatz zur selbstigen Selbstbewahrung, die nur auf das Ich sieht. Immer liegt der Blick auf dem In-der-Welt-Sein eines Ich, so daß das Maß mit dem dieses Ich zu messen ist, dort zu holen ist. Auch das will und muß ein Ziel der

---

235 Aristoteles, Nikomachische Ethik. Buch II 1109 a 21.

236 J. Pieper, Zucht und Maß. S. 17.

237 Ebenda, S. 22.

Erziehung sein. Statt dessen lassen wir mit unserer derzeitigen Erziehung das Ich in einem freien Raum schweben und überlassen es ihm, wo es sein Maß hernehmen will, und wundern uns, wenn wir überall nur noch Maßlosigkeit sehen. Diese Maßlosigkeit ist auch die eigentliche „Unzucht" oder Zuchtlosigkeit. Sie will das In-der-Welt-Sein leugnen oder das Ich über die Welt stellen. Schon die Tatsache, daß Zweck-Mittel-Relationen aufgestellt werden, ist eine solche Zucht- und Maßlosigkeit, denn weder der Mensch noch die Welt können verzweckt werden. Wer das tut, sieht seine Grenzen nicht, hat im wahrsten Sinne des Wortes die Welt mit den Mitmenschen und Sachen als Maß verkannt. Sie sind für mein Ich insofern Maß, als ich ihren Anspruch zu hören und zu verstehen habe. Das heißt auch, daß jedem unberechtigten Anspruch von seiten des Mitmenschen zu wehren ist. Denn, wer mich nun meinerseits in ein Zweck-Mittel-Verhältnis setzt und mich auszubeuten versucht, überschreitet ebenfalls jedes Maß.

Die Gerechtigkeit: Wir nehmen die Gerechtigkeit als letzte der vier Kardinaltugenden, weil sie in der Tat eine Sonderstellung einnimmt. Gerechtigkeit ist von vornherein nicht personal gerichtet, sondern sozial, und damit kommt so etwas wie eine „gesellschaftliche" Dimension in unsere Fragestellung hinein. „Das Eigentümliche der Gerechtigkeit unter den übrigen Tugenden ist, den Menschen zu ordnen in dem, was sich auf den Anderen bezieht [...]. Gerecht sein heißt: Den Anderen als Anderen gelten lassen; es heißt: Da anerkennen, wo man nicht lieben kann."[238] Sind wir also bisher schlecht beraten gewesen, wenn wir alle gesellschaftlichen Momente aus der Fragestellung nach den Erziehungszielen verbannt wissen wollten? Nein, gewiß nicht; denn „der Akt der Gerechtigkeit ist, einem Jedem zu geben, was sein ist"[239]. Und damit haben wir wieder genau das In-der-Welt-Sein, das von sich aus als eine Schuldigkeit auf den Menschen zukommt. Der Mensch schuldet der Welt etwas. Das ist gewiß eine eminent soziale Komponente, die hier ins Spiel kommt – nur ist es keine gesellschaftliche Fragestellung, nämlich insofern nicht, als hier ja gerade nicht danach gefragt wird, was andere mir schulden – was eine typisch moderne Fragestellung ist –, sondern es wird nach dem gefragt, was ich schuldig bin, worauf ich angesprochen bin, und nicht, worauf ich einen Anspruch habe. Aber hier taucht natürlich die Frage auf, ob nicht auch andere mir etwas schulden, wenn ich ihnen etwas schuldig bin. Diese Frage ist berechtigt, und man muß sie generell bejahen. Natürlich bin ich auch ein Mitmensch, und wir könnten

238 J. Pieper, Über die Gerechtigkeit. S. 32f.
239 Ebenda, S. 18.

sogar noch weitergehen mit unserer Frage und auch mit der Antwort: Wenn ich in der Welt bin, ist mir dann die Welt nicht auch etwas „schuldig"? Sie ist mir zweifelsohne schuldig, ein Heimatrecht bei ihr zu bekommen, mich bei ihr aufhalten zu dürfen, ein Recht auf eigenes Leben zu haben, als Mensch ernst genommen zu werden. Aber das alles kann man eigentlich immer schon voraussetzen, das In-der-Welt-Sein beinhaltet das alles immer von Anfang an. Die pädagogische und erzieherische Frage dagegen erledigt sich niemals von selbst. Das ist die Frage nach der eigenen Mensch- und Selbstwerdung, die bei jedem Menschen immer wieder neu gestellt werden muß. Sie kann aber nur aus der Kehre, d.h. aus dem Rück-blick und der Rück-sicht auf die Welt gestellt werden. Denn ich kann nur ein Mensch werden, wenn ich wirklich nicht auf mich sehe, sondern Rück-sicht nehme auf die Welt, d.h. auf Menschen und Sachen, um mich selbst transzendieren zu können. Deswegen heißt es auch bei THOMAS VON AQUIN völlig zu Recht: „Jener Akt, aus welchem etwas zu allererst ein Seiniges wird für jemanden, kann nicht ein Akt der Gerechtigkeit sein."[240] Die Tatsache, daß dem Partner etwas zusteht, daß er etwas von mir erwarten kann, ist die entscheidende Grundlage dieses pädagogischen Denkansatzes, der übrigens weit bis ins Anthropologische hineinreicht. Das ist sozusagen ein Grundrecht, das eben nicht durch eine Leistung zustande kommt, die ROSSEAU mit „Wohlwollen" bezeichnet hat. Die Grundlage des „Wohlwollens" ist die Gerechtigkeit. Wichtig ist dabei, daß sowohl das „Wohlwollen" als auch die Art der Gerechtigkeit vor aller selbstichen Leistung und Regelhaftigkeit eines Willens liegen. Der „wohlwollende" und gerechte Mensch wendet sich spontan den Mitmenschen und der Welt zu. Nur vom Christlichen her kann dieser Anspruch überhöht werden, indem die Liebe als das, was ich dem andern schulde, gefordert wird.

Wir müssen aber noch einmal auf das In-der-Welt-Sein zurückkommen. Es bedeutet nämlich, daß weder dem Individualismus noch dem Kollektivismus das Wort geredet wird. Das In-der-Welt-Sein ist zweifellos die soziale Grundform und -formel schlechthin, wobei Mensch und Welt in einer Symbiose leben, so daß der einzelne wie auch das Ganze zu seinem Recht kommen. Wo alles vom Ganzen aus und auf das Ganze hin betrachtet und bedacht wird, hat denn auch kein „-ismus" (Individualismus, Kollektivismus u.a.) – welcher Art auch immer – Raum.

Damit hat die Gerechtigkeit schließlich doch auch in unserem Konzept einen Platz gefunden, mit dem sie nicht aus den übrigen drei Kardinal-

240 S. Thomae Aquinatis: Summa contra Gentiles, 2, 28.

tugenden herausfällt, sondern sie im Gegenteil unterstreicht und bekräftigt. Nach ARISTOTELES sorgt sie dafür, daß die drei anderen Kardinaltugenden ins rechte Gleichgewicht gebracht werden. Die Gerechtigkeit ist freilich nicht von der Art „fiat iustitia pereat mundi", steht sie doch vor jedem kodifizierten Recht, vor allen Gesetzen und Paragraphen. Jedes kodifizierte Recht ist nötig, aber es kann die hier genannte Gerechtigkeit als die Tatsache, daß ich kraft meines In-der-Welt-Seins etwas schuldig bin, nie einholen; Gerechtigkeit ist eine Haltung, die ein Mensch haben oder auch nicht haben kann.

6

Lernziel versus Erziehungsziel

Bis jetzt haben wir absichtlich nur den Begriff „Erziehungsziel" gebraucht und haben auch ganz bewußt darauf abgehoben, daß Erziehungsziele nicht in die Qualität technischer Perfektion, wohl aber in die personale Dimension gerückt werden, denn sie sind welteröffnend. Und wie wir zu zeigen versuchten, haben sie das In-der-Welt-Sein des Menschen zu betreffen. Nichtsdestoweniger gibt es in der Erziehung auch so etwas wie eine Dimension technischer Perfektion. Um ein Erzogener zu sein, muß der Mensch lernen, d.h., er braucht eine ganze Menge Handwerkszeug, mit dem er lernen muß umzugehen, das er gebrauchen können muß, wenn er ein Mensch werden und sein In-der-Welt-Sein vollenden will.

Auch in dieser Frage gibt es wieder Differenzen, z.B. mit Brezinka, der den Begriff „Lernziel" dahingehend definiert: Ein Lernziel sei das „Ziel eines Lernenden [...], daß er sich selbst gesetzt hat. In zweiter Linie könnte damit auch ein Ziel für einen Lernenden gemeint sein, das andere Personen als der Lernende setzen."[241] Hier wird wieder deutlich, daß Brezinka als Vertreter einer technologischen Pädagogik keinen Unterschied zwischen Erziehung und Lernen macht. Er gibt deswegen auch an, daß er aus bewährten Gründen an dem Begriff „Erziehungs"- oder „Unterrichtsziel" festhalten will. Uns bewegt die Frage in einer ganz anderen Dimension. Das Erziehungsziel liegt in der Ebene des Seins, während die Lernziele weit unterhalb dieser Ebene, nämlich auf der der Fertigkeiten und Kenntnisse anzusiedeln sind. Das Schlimme bei der heutigen babylonischen Sprachverwirrung in der Pädagogik ist die Tatsache, daß alles und jedes als Ziel auf dieser Ebene anzusiedeln versucht wird. Kenntnisse und Fertigkeiten haben einen Zeugcharakter, der natürlich eine Zweck-Mittel-Relation beinhaltet. Man muß lesen, schreiben und rechnen lernen, um in der Welt erst einmal ein Sehender zu werden, denn ohne diese Techniken geht man blind durch die Welt, kann sein In-der-Welt-Sein überhaupt nicht verwirklichen. Zum Lernen gehört also alles, was Pestalozzi mit den Begriffen Zahl, Form und Sprache ausgedrückt hat.

Und doch lassen sich natürlich zwischen den Lern- und Erziehungszielen nur sehr schwer ganz klare Grenzen ziehen. Ein Kind, das eben einen

241 W. Brezinka, Grundbegriffe der Erziehungswissenschaft. S. 130.

Grundkurs im Lesen begonnen hat, wird langsam, aber mit zunehmender Sicherheit aus Wörtern Sinn entnehmen, und bald wird es die Fähigkeit erwerben, selbständig ohne Anleitung des Lehrers oder Erziehers Wörter zu lesen, im Schreiben kann es mehr und mehr selbständig Eigenes produzieren, im Rechnen erfährt es die Unermeßlichkeit des Zahlenraumes; und je mehr es spricht und liest, desto genauer lernt es sich auszudrücken. Wer in der Offenheit des Denkens und in der Helle des Daseins steht, gerät durch Kenntnisse und Fertigkeiten, die er „erwirbt", immer mehr in die Freiheit. Da zeigt es sich, daß der Mensch kein Automat ist, auch kein lebendiger Automat, wie das Tier, sondern der Sinn, den er sucht, liegt immer schon da. Er muß nur gefunden werden. Jede Zahl, jedes Wort, jede Form, die dem Menschen begegnet, ist eine Antizipation all dessen, was ihm noch innerweltlich begegnen, aber auch dessen, was ihm durch Transzendieren seines Selbst zugänglich wird. So bietet das Wort „Mama" zahllose Möglichkeiten für Feststellungen, Einordnungen und Erlebnisse freudiger und trauriger Art. In jeder Begegnung mit dem Wort „Mama" werden neue Sinnvarianten des vorgegebenen Gesamtsinnkomplexes „Mama" verwirklicht.

Wir machen wirklich die Lernziele zu dem, was sie sind. Sie sind nicht ein „Ziel für einen Lernenden" oder „Ziel des Lernenden", sie sind auch keine „Lehrziele" in dem Sinne, daß der Lehrende etwas vorhat und der Edukand sozusagen im Blindflug dies zu erreichen hat (wie etwa bei einer Operation der Arzt das Bewußtsein des Patienten zu dem Zweck, ihn schmerzfrei zu machen, ausschaltet und der Patient gleichsam blind wird). Jedes Lernen steht immer in der Wachheit des Bewußtseins, und manchmal wäre es vielleicht besser, man könnte ein Narkosemittel verabreichen, weil Ins-Helle-Treten sehr schmerzhaft sein kann. Aber das zu ertragen, kann kein Lehrer und Erzieher dem Edukanden abnehmen. Eigentlich gibt es gar keine Lernziele von seiten des Erziehers, die nicht der Edukand sich selber setzt. Die Nähe zu Brezinka ist aber nur scheinbar, denn wir meinen das so: Wenn auch in einer Klasse mit vielen Kindern jedes das Wort „Mama" liest, dann verbindet doch jedes damit einen eigenen Inhalt. Mit den Lernzielen ist es also wie mit den Erziehungszielen. Der Erzieher setzt mit jedem Impuls den Edukanden auf eine Fährte und legt damit immer wieder „Welten" frei, denn jede neue Sinnentnahme ist eine neue „Welt" für den Edukanden. Es geht darum, daß die Erfahrungen, die ein Mensch machen kann, ihm zwar nicht vorenthalten werden, daß man sie ihm aber auch nicht vorkaut. Geht es also bei den Erziehungszielen um personale Haltungen, so geht es bei den Lernzielen um individuelle Erfahrungen. Das eine baut auf dem anderen auf.

Im Bereich des Lernziels gibt es also zwei Ebenen:
– die Ebene der Erfahrung und
– die Ebene der Übung.

Alles Erziehen beginnt damit, daß man Erfahrungen macht, wobei Erfahrungen nicht nur sinnlich zu verstehen sind, d. h. also die fünf Sinne dabei beteiligt sein müssen, sondern sie können auch geistiger Art sein. Das heißt wiederum, daß das Denken selbst eine Quelle der Erfahrung ist. Gerade bezüglich der Erfahrungen gilt es für den Lehrer und Erzieher, daß er – und hier ist der Begriff von der Disponibilität, die erworben werden muß, richtig – dem Edukanden Anleitung gibt, wie er Erfahrungen machen kann, aber daß er ihm diese Erfahrungen nicht sozusagen selber gibt. Das ist ein altes Lehrerübel, daß im Unterricht und überhaupt bei aller Erziehung viel zuviel geschwätzt wird. Man redet *über* eine Sache hinweg, aber nicht *von* ihr. PESTALOZZI hat sich mit einer Elementarmethode herumgeplagt und eigentlich auch keinen rechten Fortschritt erzielt. Die Philanthropen hielten den Begriff für das Wichtigste, eine typisch rationalistische Auffassung. HERBART glaubte an die Assoziationsreihen und öffnet damit dem Psychologismus in der Pädagogik Tür und Tor; und die moderne Didaktik bleibt weitgehend in formalen Überlegungen stecken, indem sie kritisch oder auch nur resümierend den bildungstheoretischen neben den lerntheoretischen Ansatz stellt und diese wiederum mit dem informationstheoretischen und kommunikationstheoretischen Modell vergleicht. Die Frage, *wie* und *welche* Erfahrungen gemacht werden sollen, wird gar nicht mehr erörtert. Man läßt Erziehung und Lernen in einem undefinierbaren Brei, bei dem die Bestandteile unklar bleiben.

Dabei kann man sicher davon ausgehen, daß man die Schüler eine Menge Erfahrungen machen läßt, diese aber überhaupt nicht pädagogisch aufarbeitet. Nun sind wir – um kein Mißverständnis aufkommen zu lassen – die letzten, die eine Verpädagogisierung aller Erfahrung befürworten. Es kann und darf nicht alles in ein System gestellt werden, das dem Edukanden keine Freiheit mehr läßt. Wir möchten ausdrücklich dafür eintreten, daß die kontrollierten Erfahrungen, ohne die es natürlich in keiner Weise geht, auf ein Mindestmaß reduziert werden, damit der Edukand möglichst früh in den Raum der eigenen, der personalen Freiheit treten kann. Hier ist ein großes Gebiet, um das sich die Pädagogik und die Didaktik bis jetzt nicht oder nur unzureichend gekümmert haben. Aber auch dann, wenn die Erfahrungen in den Raum der personalen Freiheit gestellt werden, bedarf der Schüler der Hilfe bei der Erfahrung. Wenn wir einmal bei unserem Beispiel, dem Begriff „Mama", bleiben, so ist es doch so, daß der Erzieher, wenn überhaupt, auf ein genormtes Mutterbild eingeht, anstatt jedes Kind seine individuellen Erfahrungen aussprechen zu lassen. Das Personale, das ein Kind mit dem Begriff „Mama“ verbindet, bleibt unausgesprochen. Es gibt bisher keinen didaktischen Ansatz, der sagt, wie ein Problem, eine Erfahrung adäquat zur Sprache gebracht werden kann.

Auch hier gibt es in der Geschichte der Pädagogik und Didaktik widersprüchliche, aber keine überzeugenden Aussagen, weil sie sich selbst aufheben. Wir brauchen nicht allzuweit in die Geschichte zu gehen, um diese Widersprüche aufzudecken. Der von den Philanthropen favorisierte Begriff gibt inhaltlich wenig her: Die Erlebnispädagogik setzte ganz auf das subjektive Erlebnis, das der Edukand mit einer bestimmten Sache verbindet, und heute spielt man das, was man wissenschaftlich über einen Gegenstand aussagen kann und welchen gesellschaftlichen Nutzen er hat, sehr hoch und hält es für das erzieherisch einzig „Brauchbare“. „Etwas zur Sprache bringen“ bedeutet dagegen, einen Gegenstand auf seine Bedeutung für das In-der-Welt-Sein hin zu befragen und in allen seinen Bezügen in Erscheinung treten zu lassen, eben nicht nur für die Wissenschaft oder für die Gesellschaft oder was es auch immer sei. Alle Bezüge werden offengelegt, und da mag sich manchmal nicht alles miteinander reimen, sondern es bleiben auch Widersprüche stehen, Fragen, auf die weder der Lehrer noch der Schüler eine Antwort weiß, weil eben noch nicht alles bedacht ist und vieles noch selbständig weitergedacht werden muß. So brach einer meiner akademischen Lehrer einmal eine Vorlesung ab und gestand freimütig ein, daß er das Thema noch nicht genug bedacht habe, er vor weiteren Äußerungen das aber tun müsse und daher jetzt lieber schweigen wolle. BALLAUFF vergleicht alles Unterrichten „mit einer doppelten Tür“: „einer Janua linguarum und einer Janua rerum. Sie eröffnet die Sprache und die Sache in einem, aber so, daß diese selbst ‚Tür‘ werden und bleiben. Ihre innere Einheit besagt, daß die Sprache die Sachen in ihrer Sachlichkeit zu Wort kommen läßt und daß die Sachlichkeit der Sachen an der Sprache und an den Sprachen die Weisen ihrer Erschlossenheit hat. Eine Tür aber eröffnet, sie führt zu etwas hin. Die Sachen in ihrer sie eröffnenden Sprachlichkeit werden zwar in der entsprechenden Rede offenkundig, aber um sie als solche geht es in der Erziehung nicht, sondern um den Zugang zur Einsicht in das, was einer Sache wesentlich ist, was sie zu dieser werden und als dieses sein läßt.“[242]

Die so verstandene Sachlichkeit stellt sich in Erziehung und Unterricht gerade darin dar, daß man eine Sache so, wie sie sich zeigt, würdigt, so, wie sie im Sich-Zeigen offenbar wird, und nicht, wie ich sie mit meinen Augen gern sehen möchte. In der Beachtung dieser Forderung liegt auch

242 Th. Ballauff, Skeptische Didaktik.S. 49.

immer der Übergang vom Lernziel zum Erziehungsziel. Indem eine Erfahrung zur Sprache gebracht wird, stellt sich immer die Frage, ob die Janua linguarum und Janua rerum auch einander adäquat und vergleichbar weit geöffnet sind, oder aber anders ausgedrückt: ob man beide Pforten nicht noch weiter öffnen kann, damit Einsicht und Erschlossenheit noch umfänglicher werden.
In der deutschen und der europäischen Pädagogik ist diese Sachlichkeit nicht ernst genug genommen worden. Trotz ROUSSEAUS Mahnungen spielt der Erzieher immer wieder die Rolle dessen, der die Sache eigentlich „zur Welt zu bringen" hat. Auch der ROUSSEAUsche Ansatz ist in sich selbst unklar und doppeldeutig. Dem Kind traut man gar nicht zu, daß es diesen Geburtshelfer, den Lehrer, nicht oder wenigstens nicht so oft, wie dieser meint, braucht. Der pragmatistische Ansatz in den USA scheint – bei allen Vorbehalten, die gegenüber dem Pragmatismus angebracht sind – hier den Edukanden viel ernster zu nehmen. Die Kinder arbeiten auf weite Strecken hin für sich, machen ihre Erfahrungen allein, bringen sie zu Papier oder tragen sie mündlich vor. Der Lehrer ist für sie nur ein Nothelfer, während bei uns der Lehrer oder Erzieher alles oder fast alles in die Form gießt, die doch eigentlich der Edukand finden sollte. Auch wenn das, was der Edukand allein tut, zunächst noch höchst unvollkommen ist, so ist es aber doch seine Erfahrung und nicht die Erfahrung des Erziehers, die dieser post festum gesetzt und manchmal geradezu verhängt hat wie eine Art Gerichtsbeschluß.[243]
Noch einmal muß es gesagt werden: Lern- und Erziehungsziele sind zwar nicht dasselbe, aber sie sind auch nur schwer exakt voneinander abgrenzbar, weil Lernen an einem ganz bestimmten Punkt, der nicht allgemein, sondern nur individuell festgelegt werden kann, in Erziehung „übergeht". BOLLNOW hat das in seiner „Existenzphilosophie und Pädagogik"[244] in einer einzigartigen Weise herausgearbeitet. Er unterscheidet darin zwei Krisen: die geistige und sittliche. Die geistige Krise hebt schon bei einer mathematischen Aufgabe an, die ich nicht verstehe, deren Logik ich nicht durchschaue und die mir daher verschlossen ist. Aber ich gebe es nicht auf, mich mir ihr auseinanderzusetzen; anders ausgedrückt: ich mache Erfahrungen, falsche und richtige, und komme doch nicht weiter, weil ich das Falsche vom Richtigen nicht zu unterscheiden weiß. Nachdem ich dergestalt experimentiert habe und vielleicht auch noch einmal das Ganze mit einem Lehrer zur Sprache

---

243 Vgl. W. Braun, Anthroplogische und pädagogische Reflexionen über zwei jugendtheoretische Ansätze. In: Vierteljahresschrift für wissenschaftliche Pädagogik 57 (1981), 3, S. 339 – 348. Vgl. W. Braun/B. Naudascher, Für eine menschenfreundliche Schule.

244 Vgl. O. F. Bollnow, Existenzphilosophie und Pädagogik. S. 24ff.

gebracht worden ist, stellt es sich mit einem Male als einsichtig dar. Nicht zu Unrecht nennt man solches Erlebnis auch ein Aha-Erlebnis. Noch komplizierter liegen die Verhältnisse bei der sittlichen Krise. Es versteht sich von selbst, daß man keine sittliche Krise thematisieren oder auch nur provozieren darf, wenn man erzieherisch verantwortlich handeln will. Aber generell ist es doch in allen Krisen so, daß am Ende des Erfahrungenmachens auch eine neue Einsicht vorhanden ist, die mich insofern weiterbringt, als ich einen neuen Anfang mache, über den ich nicht verfüge, sondern der über mich verfügt. Auch COPEI hat ähnliche Gedanken ausgeführt und festgestellt, daß Lernen kein gradliniger Vorgang ist, und vor allem, daß menschliches Lernen ein Problem der Menschlichkeit ist und mit dem tierischen Lernen nicht verglichen werden kann.[245] Die Einsicht, die ein Lernprozeß eröffnet, ist ganz und gar schon in Bereich des Menschlichen anzusiedeln, denn kein Tier hat Einsicht. Hier springt also sozusagen der Lernprozeß in den Erziehungsprozeß über.

Aber es bleibt doch die Tatsache bestehen, daß viele Einsichten von einem ausreichenden technischen Können abhängig sind. Hier gibt es tatsächlich eine Verfügbarkeit über das, was HEIDEGGER das „Zeug" genannt hat, d. h. also jene Hilfsmittel, die man braucht, um das Leben bewältigen zu können. Der Mensch ist auf diese Hilfsmittel sogar angewiesen, wie uns GEHLEN in seinem anthropologischen Ansatz gezeigt hat. Dieses sind Hilfen, damit der Mensch seine Menschlichkeit gewinnt. Auch hier sehen wir deutlich den Unterschied zum Tier, das kein „Zeug" hat. In der Erziehung können wir zweifellos das Rechnen, Schreiben und Lesen, überhaupt alles Faktenwissen zum „Zeug" rechnen. Der Umgang damit muß oft in einer Weise mechanisiert werden, die einem gewissen Drill gleichkommt. Beim Umgang mit dem „Zeug" handelt sich es also ebenfalls darum, daß Erfahrungen gemacht werden, die aber so weit geübt werden, daß man hier von einer Verfügbarkeit sprechen kann.
Nichts ist erstaunlicher als die Tatsache, daß die moderne Pädagogik und Didaktik keine Lehre von der Übung entwickelt hat. Im Gegenteil, die Übung ist unter dem Einfluß der antiautoritären Bewegung wie auch der emanzipatorischen Bestrebungen in der Pädagogik zu einer Art Unding abgestempelt worden, das des autonomen Menschen nicht würdig ist, wie überhaupt jede Art von Gewöhnung als eine unmenschliche Dressurleistung angesehen wird. Aber ohne die Einübung grundlegender Formen und einer Gewöhnung an sie ist menschliches Leben unmöglich. Der Mensch kann sein In-der-Welt-Sein nur in Freiheit

245 Vgl. F. Copei, Der fruchtbare Moment im Bildungsprozeß. S. 101 ff.

bestehen, wenn er über das „Zeug“ verfügt. Wenn er also nicht über die Buchstaben des Alphabets und einen gewissen Wortschatz verfügt, kommt er – obschon in die Erschlossenheit des Daseins gestellt – nicht dazu, diese Erschlossenheit auch als Aufgabe für das Leben anzunehmen.

Es gibt leider bis jetzt kein pädagogisches Werk, das uns sagen könnte, wie das Erfahrungenmachen mit dem Üben zusammenhängt. Was die Psychologie dazu sagt, ist für uns unbefriedigend, denn wir sprechen nicht von einer Psychologie der Übung,sondern von einer Pädagogik oder Didaktik der Übung, und das ist ein großer Unterschied. Mag sein, daß durch die HERBARTsche Lernschule, in der um der Übung willen geübt wurde – denn die Assoziationen waren wirklich nur ein Gegenstand in der Übung, und die Übung selbst schaffte wieder neue Assoziationen –, das Üben in Verruf geraten ist. So brauchen wir vielleicht hundert Jahre, um, von dem einen Extrem ins andere gefallen, die Mitte zu finden. BALLAUFF bemerkt zum Thema Übung: „Durch das Üben längerer Reihen gleichartiger Aufgaben wird das ‚Verhalten‘ mechanisiert: Der Blick für die besonderen Anforderungen einer neuen, ähnlich aussehenden Aufgabe geht verloren. So kommt es, daß die allgemein so hoch geschätzte ‚frühe Erfahrung‘ – natürlich nicht immer, aber doch häufig genug – auf das spätere Lösen von Aufgaben eine durchaus störende Wirkung hat.“[246] Trotzdem kann auf das Üben nicht verzichtet werden. (Aber vielleicht ist hier auch etwas unter „Üben“ verstanden worden, was gar nicht unter dieses Thema fällt.) Eingeübt werden können an sich nur bestimmte Zeichen, wie Buchstaben und Wörter oder auch Zahlenverhältnisse, wie sie später im Leben gebraucht werden. So muß der Edukand im späteren Leben sich über eine Bestimmung, ein Ge- oder Verbot oder ganz einfach auch über eine notwendige Information rasch orientieren können. Er braucht bestimmte Zahlenverhältnisse im Rahmen der Addition, Subtraktion, Multiplikation, Division und andere, um sich im Raum und Zeit schnell zurechtzufinden. Bei der Erfindung des Taschenrechners haben einige schon geglaubt, sie könnten in Zukunft das Lernen des kleinen Einmaleins in der Schule aussparen. Es genüge, wenn man die Schüler $2 \times 2 = 4$ auf dem Automaten, den er ja immer bei sich tragen könne, rechnen ließe. Das sei eine Entlastung des Gehirns. Das Kind werde dadurch frei, andere Dinge zu speichern. Aber niemals wird man auf das kleine Einmaleins und sein Einüben verzichten können, weil es einfach bestimmte Grundverhältnisse, in denen der Mensch in der Welt steht, eröffnet. Es käme ja auch niemand auf den Gedanken, ein

246 Th. Ballauff, Skeptische Didaktik. S. 34f.

Haus mit dem Dach zu beginnen und die Fundamente zuletzt zu bauen. Denn so wie die Fundamente beim Haus das Ganze erst eröffnen und freigeben, so hat sicher das kleine Einmaleins auch *eine* Schlüsselposition in der Welt der Zahlen, ohne die wesentliche Zusammenhänge einfach nicht erschlossen werden können.

Aber wie ist es mit Gedichten? Soll man diese von Kindern auswendig lernen lassen, und wenn ja, wie viele? Die Schüler fragen gerne danach, was das für ihr späteres Leben einbringt, wenn sie dieses oder jenes Gedicht auswendig hersagen können. Die meisten Einwände gegen das Auswendiglernen resultieren aus der Ablehnung der Mühe, der man sich unterziehen muß. Das Auswendiglernen ist freilich kein leichtes Geschäft, zumal selten oder nie eine Anleitung dazu gegeben worden ist, wie man es eigentlich macht. Wozu das eigentlich notwendig sein soll, dafür werden meistens keine Argumente mehr zu erhalten sein. Und doch sollte der Edukand wissen, warum er das tut. Daß es Generationen vor ihm getan haben, ist kein gutes Argument dafür, daß er es auch tun soll. Auch scheint der Hinweis schlecht, daß man eben in der (deutschen) Dichtung Bescheid wissen müsse. Eine viel stichhaltigere Argumentation scheint uns zu sein, den Edukanden darauf hinzuweisen, daß ein Gedicht zu lernen vor allem auch eine Frage nach der ästhetischen Bildung darstellt. Auch das Ästhetische ist ein Aspekt des In-der-Welt-Seins des Menschen. Außerdem wird – und das hängt mit dem Ästhetischen innerlich zusammen – die sprachliche Ausdrucksfähigkeit sicherlich durch das Einüben von Reimen und Versen ungemein bereichert, das Sprachempfinden gefördert und ein gehobener Wortschatz erworben, der weit über die Alltagssprache hinausreicht. Auf solches Üben kann nicht verzichtet werden.

An den wenigen Beispielen soll nur deutlich werden, wie sehr alles Üben auf das handwerkliche Kennen und Können des „Zeugs“ aus ist. Aber auch nur da hat es seine Berechtigung. Die Lehrpläne oder – wie man sie neuerdings nennt – die Curricula sollten genau festhalten, was bis zur Mechanisierung eingeübt werden muß und was abprüfbar ist. Die technologische Pädagogik hält alles für abprüfbar und hat damit dem vernünftigen Üben den Todesstoß versetzt, weil sie glaubt, daß die ratio alles vermag. Die verstandesmäßige Einsicht genügt ihr schon, das Erlebnis verachtet sie, und je nach wissenschaftstheoretischem Ansatz versucht sie alles Heil in eine nahezu unreflektierte, aber nichtsdestoweniger kontrollierbare Handlung zu legen. Die Worte Üben und Gewöhnen sind zu Fremdwörtern in der Pädagogik geworden. Von Üben und Gewöhnen reden allenfalls noch pflichtbewußte Eltern. Die technologische Pädagogik hat alles zur Übung gemacht, ohne daß jedoch geübt wird.

Hier muß Abhilfe geschaffen werden. Zukünftige Lehrpläne sollten also genauer angeben, was eingeübt werden soll, aber auch den Kanon des Einzuübenden klein halten im Umfang. Es sollte auch begründet werden, warum etwas eingeübt werden soll und was man sich davon verspricht. Möglicherweise bedarf es hierbei eines ganz neuen pädagogischen Zweiges, nämlich der Pädagogik bzw. der Didaktik der Übung, damit man Hilfen geben kann, wie etwas am besten eingeübt werden kann. Der Kanon muß deshalb klein und übersichtlich gehalten werden, damit nicht Mitmenschen und Sachen in diesen Rahmen einer Übung mit einbezogen werden, die einfach im Raum der Freiheit bleiben müssen. Deren Mechanisierung zerstört alles das, was eigentlich in die Offenheit des Denkens hineingehört, in der der einzelne Edukand nur mit der Sache selbst konfrontiert werden muß, damit sich eine Auseinandersetzung zwischen ihm und ihr anbahnt.

Übung soll in unserer Konzeption weniger und mehr zugleich sein. Weniger insofern, als nicht alles „verübt" wird, sondern klar festgelegt wird, was eigentlich zu üben ist. Mehr insofern, als das, was einzuüben ist, auch wirklich eingeübt wird und die Übung nicht schamvoll als „unpädagogisch" abgelehnt oder geflissentlich übersehen wird.

Wir dürfen also noch einmal zusammenfassen: Es muß genau unterschieden werden zwischen Erziehungs- und Lernzielen. Erziehungsziele können keine Lernziele sein und Lernziele keine Erziehungsziele. Erzogenwerden heißt Haltungen erwerben und nicht „sich verhalten". Der Mensch „verhält" sich nicht, sondern entscheidet sich. Im Bereich der Lernziele geht es vorwiegend um Erfahrungen, die gemacht werden müssen. Dabei ist der Überstieg eines Lernziels zu einem Erziehungsziel leicht möglich und soll sogar angestrebt werden. Damit ist es aber unmöglich, daß Lernziele in der Form festgeschrieben werden, wie das etwa bei den modernen Curricula der Fall ist, wo es dann gewöhnlich heißt, daß der Mensch „erkennen soll, daß etwas sich so und so verhält". Allein diese Formel „erkennen, daß ..." stellt den Menschen in ein unzulässig geschlossenes System, so als ob er wie ein Automat Erkenntnis gewinnen könnte. Um ein letztes Beispiel zu bringen: Man könnte nicht als Lernziel formulieren, daß der Mensch aus den Kriegen in der Geschichte unseres Volkes erkennen soll, daß Abrüstung das höchste Gebot zur Erhaltung des Friedens darstellt. Daß man dem Edukanden die Kriege der Vergangenheit vorstellt, ist legitim, aber man kann ihm nicht auch noch die Erfahrung der Abrüstung vorschreiben wollen. Vielleicht kommt er gerade zu dem gegenteiligen Schluß, daß nur die Aufrüstung den Frieden bewahren hilft.

Haltungen und Überzeugungen dürfen nicht pädagogisch manipuliert werden. Man muß den jungen Menschen seinem Denken überlassen.

Literaturverzeichnis

ALBERT, H.: Traktat über kritische Vernunft. Tübingen² 1969.

ARISTOTELES: Nikomachische Ethik. Reclams Universalbibliothek Nr. 8586 – 90.

BALLAUFF, Th.: Vernünftiger Wille und gläubige Liebe. Interpretationen zu Kants und Pestalozzis Werk. Meisenheim a. Glan 1957.

BALLAUFF, Th.: Die Idee der Paideia. Eine Studie zu Platons „Höhlengleichnis" und Parmenides' „Lehrgedicht". Monographien zur philosophischen Forschung Bd. VII. Meisenheim a. Glan ²1963.

BALLAUFF, Th.: Skeptische Didaktik. Heidelberg 1970.

BALLAUFF, Th./SCHALLER, K.: Pädagogik. Eine Geschichte der Bildung und Erziehung. Bd. III. Orbis academicus, Bd. I/13. Freiburg/München 1973.

BACZKO, B.: Rousseau. Einsamkeit und Gemeinsamkeit. Wien 1970.

BATESON, G./u. a.: Schizophrenie und Familie. Frankfurt a. M. 1978.

BELLEBAUM, A.: Erziehungsziele. Möglichkeiten und Grenzen der pädagogischen Soziologie. In: Recht der Jugend und des Bildungswesens 23 (1975), 11, S. 321 – 327.

BENDEN, M. (Hrsg.): Zur Zielproblematik in der Pädagogik. Bad Heilbrunn 1977.

BLOOM, B. S./u. a.: Taxonomy of Educational Objectives. Classification of Educational Goals. Handbook I: Cognitive Domain. New York 1956. Deutsche Ausgabe: Taxonomie von Lernzielen im kognitiven Bereich. Weinheim 1972.

BOCK, I.: Kommunikation und Erziehung. Grundzüge ihrer Beziehung. Darmstadt 1968.

BOECKMANN, K. (Hrsg.): Lernziele und Erfolgskontrolle. Bad Heilbrunn 1974.

BOKELMANN, H.: Maßstäbe pädagogischen Handelns. Normenkonflikte und Reformversuche in Erziehung und Bildung. Weltbild und Erziehung Nr. 27. Würzburg 1965.

BOLLNOW, O. F.: Empirische Wissenschaft und hermeneutische Pädagogik. Bemerkungen zu W. Brezinka: Von der Pädagogik zur Erziehungswissenschaft. In: Zeitschrift für Pädagogik 17 (1971), 5, S. 683 – 707.

BOLLNOW, O. F.: Existenzphilosophie und Pädagogik. Stuttgart ⁵1977.

BRAUN, W.: Grundfragen der Curriculum-Forschung und Lehrplanreform. In: Pädagogische Welt 74 (1970), S. 489 – 493.

BRAUN, W.: Die behavioristische Einengung des derzeitigen curricularen Ansatzes. In: Zur Problematik wissenschaftstheoretischer Voraussetzungen der Curriculum-Forschung. Neue Folge der Ergänzungshefte der Vierteljahresschrift für wissenschaftliche Pädagogik, Heft 12, 1970, S. 82 – 101.

BRAUN, W.: Der Vater im familiären Erziehungsprozeß. Beiträge zu einer pädagogischen Jugendtheorie. Bad Heilbrunn 1980.

BRAUN, W.: Anthropologische und pädagogische Reflexionen über zwei jugendtheoretische Ansätze. In: Vierteljahresschrift für wissenschaftliche Pädagogik 57 (1981), 3, S. 339 – 348.

BRAUN, W./NAUDASCHER, B.: Für eine menschenfreundliche Schule. Erfahrungen im amerikanischen Schulwesen. München 1978.

BRAUNMÜHL, E. VON: Antipädagogik. Studien zur Abschaffung der Erziehung. Weinheim/Basel ²1976.

BREZINKA, W.: Von der Pädagogik zur Erziehungswissenschaft. Vorschläge zur Abgrenzung. In: Zeitschrift für Pädagogik 14 (1967), 4, S. 317 – 334; 14 (1968), 5, S. 435 – 475.

BREZINKA, W.: Grundbegriffe der Erziehungswissenschaft. Analyse, Kritik, Vorschläge. München/Basel 1974.

BREZINKA, W.: Erziehungsziele, Erziehungsmittel, Erziehungserfolg. Beiträge zu einem System der Erziehungswissenschaft. München/Basel 1976.

BREZINKA, W.: Metatheorie der Erziehung. München/Basel 1978.
BUBER, M.: Ich und Du. Hamm [10]1979.
COPEI, F.: Der fruchtbare Moment im Bildungsprozeß. Eingeleitet und herausgegeben von H. SPRENGER. Heidelberg [9]1969.
DERBOLAV, J.: Pädagogik und Politik. Eine systematisch-kritische Analyse ihrer Beziehungen. Stuttgart/Berlin/Mainz/Köln 1975.
DERBOLAV, J. (Hrsg.): Kritik und Metakritik der Praxeologie im besonderen der politischen Strukturtheorie. Kastellaun 1976.
DERBOLAV, J.: Metapraxeologische Überlegungen zur Praxeologie. Zum Verhältnis von Praxeologie und Fundamentalphilosophie und der Neueinführung der Familien- und Sozialpraxis. In: Pädagogische Rundschau 32 (1978), 7, S. 548–561.
DERBOLAV, J.: Der Beitrag der Praxeologie zu einer „Theorie der Normativität". In: Vierteljahresschrift für wissenschaftliche Pädagogik 55 (1979), 4, S. 420–441.
DERBOLAV J.: „Wende zur Alltagswelt" – „Wissenschaftsorientierung": Komplementarität oder Kompatibilität? In: Pädagogische Rundschau 35 (1981), 2/3, S. 77–89.
DILTHEY, W.: Gesammelte Schriften. Bd. I (Leipzig und Berlin 1922); Bd. IX (Leizpig und Berlin 1924); Bd. VII (Leipzig und Berlin 1927); Bd. IX (Leipzig und Berlin 1934); Bd. X (Göttingen 1958).
DOLCH, J.: Lehrplan des Abendlandes. Zweieinhalb Jahrtausende seiner Geschichte. Ratingen [2]1965.
ENGFER, H.-J. (Hrsg.): Philosophische Aspekte schulischer Fächer und pädagogischer Praxis. München/Wien/Baltimore 1978.
ERIKSON, E. E.: Identität und Lebenszyklus. Frankfurt a. M. (Suhrkamp TB Wissenschaft 16)
ERLINGHAGEN, K.: Vom Bildungsideal zur Lebensordnung. Das Erziehungsziel in der katholischen Pädagogik. Freiburg/Basel/Wien 1960.
Erziehung und Unterricht im Mittelalter. Ausgabe pädagogischer Quellentexte. Besorgt von E. SCHOELEN. Schöninghs Sammlung pädagogischer Schriften. Paderborn [2]1965.
FEND, H.: Sozialisierung und Erziehung. Eine Einführung in die Sozialisationsforschung. Weinheim [8]1965.
FLITNER, W.: Allgemeine Pädagogik. Stuttgart [14]1974.
FRANKENA, W. K.: Analytische Ethik. Eine Einführung. München (dtv TB 4376).
FÜRSTENAU, P.: Soziologie der Kindheit. Weinheim [2]1973.
GABRIEL, L.: Existenzphilosophie. Dialog der Positionen. Wien/München [2]1968.
GAGNÉ, R. M.: Die Bedingungen des menschlichen Lernens. Hannover 1969.
GLASER, R. (Hrsg.): Teaching Machines and Programmed Learning. Bd. II. USA (o. O.) 1965.
GEISSLER, E. E.: Herbarts Lehre vom erziehenden Unterricht. Heidelberg 1970.
GIESECKE, H.: Einführung in die Pädagogik. München [8]1978.
GÖRRES, A.: Kennt die Psychologie den Menschen? Fragen zwischen Psychotherapie, Anthropologie und Christentum. München/Zürich 1978.
GOTTSCHALCH, W., u. a.: Sozialisationsforschung. Materialien, Probleme, Kritik. Frankfurt a. M. 1971.
HAAG, F., u. a.: Aktionsforschung. Forschungsstrategien, Forschungsfelder und Forschungspläne. München [2]1975.
HABERMAS, J.: Erkenntnis und Interesse. Frankfurt a. M. 1973. (TB).
HABERMAS, J.: Technik und Wissenschaft als ‚Ideologie'. Frankfurt a. M. 1973. (TB)
HABERMAS, J., LUHMANN, N.: Theorie der Gesellschaft oder Sozialtechnologie – Was leistet die Systemforschung? Frankfurt a. M. 1971.
HEIDEGGER, M.: Sein und Zeit. Tübingen [15]1979.
HEIDEGGER, M.: Holzwege. Frankfurt a. M. [6]1980.

HEINTEL, P.: Pädagogik und Politik. Kritisch-thesenhafte Anmerkungen zu J. Derbolavs praxeologischem Ansatz. In: Kritik und Metakritik der Praxeologie im besonderen der politischen Strukturtheorie. J. DERBOLAV (Hrsg.). Kastellaun 1976.

HERBART, J. F.: Umriß pädagogischer Vorlesungen 1835. Besorgt von J. ESTERHUES. Schöninghs Sammlung pädagogischer Schriften. Paderborn [2]1964.

HERBART, J. F.: Kleine pädagogische Schriften. Besorgt von a. BRÜCKMANN. Paderborn 1968.

HERDER, J. G.: Humanität und Erziehung. Besorgt von C. MENZE. Paderborn 1961.

KAISER, A.: Alltagswende in der Pädagogik. Programm und Kritik. In: Pädagogische Rundschau 35 (1981), 2/3, S. 111–122.

KAMBARTEL, F.: Erfahrung und Struktur. Bausteine zu einer Kritik des Empirismus und Formalismus. Frankfurt a. M. 1968.

KAMPER, D. (Hrsg.): Sozialisationstheorie. Freiburg/Basel/Wien 1974.

KANT, I.: Kritik der reinen Vernunft. Ausgabe WEISCHEDEL, Bd. 3. Darmstadt 1968.

KERSCHENSTEINER, G.: Bd. II: Texte zum pädagogischen Begriff der Arbeit und der Arbeitsschule. Besorgt von G. WEHLE. Paderborn 1968.

KLAFKI, W.: Erziehungswissenschaft als kritisch-konstruktive Theorie: Hermeneutik – Empirie – Ideologiekritik. In: Zeitschrift für Pädagogik 17 (1971), 3, S. 351–385.

KLAFKI, W.: Funk-Kolleg Erziehungswissenschaft. 3 Bde. Frankfurt a. M. 1970 ff.

KLAFKI, W.:Studien zur Bildungstheorie und Didaktik. Weinheim 1975.

KLAFKI, W.: Aspekte kritisch-konstruktiver Erziehungswissenschaft. Gesammelte Beiträge zur Theorie-Praxis-Diskussion. Weinheim/Basel 1976.

KÖNIG, E.: Theorie der Erziehungswissenschaft. Bd. 1: Wissenschaftstheoretische Richtungen der Pädagogik. München 1975 – Bd. 2: Normen und ihre Rechtfertigung. München 1975 – Bd. 3: Erziehungswissenschaft als praktische Disziplin. München 1978.

KRAFT, V.: Die Grundlagen der Erkenntnis und Moral. Berlin 1968.

KUNSTMANN, W.: Handlungsorientierung – eine Alternative zum wissenschaftsorientierten Unterricht. In: Pädagogische Rundschau 35 (1981), 2/3, 167–181.

LASSAHN, R.: Tendenzen internationaler Herbart-Rezeption. Kastellaun 1978.

LEMPERT, W.: Leistungsprinzip und Emanzipation. Studien zur Realität, Reform und Erforschung des beruflichen Bildungswesens. Frankfurt a. M. [3]1975.

LINDSEY, G./ARONSON, E. (Hrsg.): Handbook of Social Psychology. Bd. III. Mass-London [2]1969.

LITT, Th.: Das Bildungsideal der deutschen Klassik und die moderne Arbeitswelt. Bochum o. J., 6. Auflage.

LITT, Th.: Technisches Denken und menschliche Bildung. Heidelberg [4]1969.

LOCKE, J.: Über den menschlichen Verstand. Bd. I und II. Berlin/DDR 1962.

LORENZEN, P.: Normativ Logic and Ethics. Mannheim 1969.

LORENZEN, P./SCHWEMMER, O.: Konstruktive Logik, Ethik und Wissenschaftstheorie. Mannheim/Zürich/Wien 1973.

LUCKMANN, Th.: Einige Überlegungen zu Alltagswissen und Wissenschaft. In: Pädagogische Rundschau 35 (1981), 2/3, S. 91–109.

MAGER, R. F.: Lernziele und programmierter Unterricht. Weinheim [3]1969.

MARX, K.: Bildung und Erziehung. Studientexte zur Marxschen Bildungskonzeption. Besorgt von H. E. WITTIG. Paderborn 1968.

MENZE, C.: Überlegungen zur Anwendungsmöglichkeit der Entscheidungslogik auf die Curriculum-Konstruktion. In: Zur Problematik wissenschaftstheoretischer Voraussetzungen der Curriculum-Forschung. Neue Folge der Ergänzungshefte der Vierteljahresschrift für wissenschaftliche Pädagogik, Heft 12.

MENZE, C.: Wissenschaftsorientierung als Problem der Schule. In: Pädagogische Rundschau, 35 (1981), 2/3, S. 123–146.

MILLER, A.: Am Anfang war Erziehung. Frankfurt a. M. 1981.

Mitteilungen der Kommission zur Reform der Hessischen Bildungspläne, Heft 3 c. Hessisches Institut für Lehrerfortbildung. Hauptstelle Reinhardswaldschule. April 1971.

MOLLENHAUER K.: Theorien zum Erziehungsprozeß. Zur Einführung in erziehungswissenschaftliche Fragestellungen. München 1972.

MOLLENHAUER, K.: Erziehung und Emanzipation. Polemische Skizzen. München [7]1977.

MÜLLER, K.: Johann Heinrich Pestalozzi. Eine Einführung in seine Gedanken. Darmstadt 1967.

MÜLLER, M.: Existenzphilosophie im geistigen Leben der Gegenwart. Heidelberg [3]1964.

NAPIER, A. Y./WITHACKER, C. A.: Tatort Familie. Das Beispiel einer erfolgreichen Familientherapie. Düsseldorf/Köln 1979.

NOHL, H.: Pädagogik aus dreißig Jahren. Frankfurt a. M. 1949.

NOHL, H.: Die pädagogische Bewegung in Deutschland und ihre Theorie. Frankfurt a. M. [3]1949.

OTTO, E.: Allgemeine Erziehungslehre. Leipzig 1928.

PETZELT, A.: Grundzüge systematischer Pädagogik. Freiburg [3]1964.

PESTALOZZI, J. H.: Die Abendstunde eines Einsiedlers. In: ders., Kleine Schriften zur Volkserziehung und Menschenbildung. Hrsg. von Th. DIETRICH. Bad Heilbrunn [4]1968.

PESTALOZZI, J. H.: Wie Gertrud ihre Kinder lehrt. Ein Versuch, den Müttern eine Anleitung zu geben, ihre Kinder selbst zu unterrichten. Hrsg. von A. REBLE. Bad Heilbrunn [2]1964.

PESTALOZZI, J. H.: Meine Nachforschungen über den Gang der Natur in der Entwicklung des Menschengeschlechts. Hrsg. von A. STENZEL. Bad Heilbrunn [2]1968.

PIEPER, J.: Zucht und Maß. München [9] 1964.

PIEPER, J.: Traktat über die Klugheit. München [7]1965.

PIEPER, J.: Über die Gerechtigkeit. München [4]1965.

PIEPER, J.: Vom Sinn der Tapferkeit. München [8]1963. Diese vier Traktate sind zusammengefaßt in:

PIEPER, J.: Der Viergespann. München 1977.

PÖGGELER, F. (Hrsg.): Innerlichkeit und Erziehung. Freiburg/Basel/Wien 1964.

POPPER, K.: Die offene Gesellschaft und ihre Feinde. 2 Bde. Bd. II: Hegel, Marx und die Folgen – Bd. I: Der Zauber Platons. Bern und München [6]1980.

RANG, M.: Rosseaus Lehre vom Menschen. Göttingen 1959.

RITZEL, W.: Jean-Jacques Rosseau. Stuttgart [2]1971.

ROBINSOHN, S. B.: Bildungsreform als Revision des Curriculum. Neuwied [5]1981.

RÖSSNER, L.: Einführung in die analytisch-empirische Erziehungswissenschaft. Ein Studienbuch. Basel/Wien 1979.

ROUSSEAU, J.-J.: Der Gesellschaftsvertrag (Le Contrat Social). Einleitung von R. ROLLAND. München 1948.

ROUSSEAU, J.-J.: Emile oder über die Erziehung. Besorgt von J. ESTERHUES. Paderborn 1963.

RUHLOFF, J.: Das ungelöste Normenproblem der Pädagogik. Eine Einführung. Heidelberg 1969.

SCHELER, M.: Der Formalismus in der Ethik und die materiale Wertethik. Hrsg. von Maria SCHELER. Bern/München [5]1966.

SCHWARZ, F.-A.: Nähe als pädagogisches Problem. In: Vierteljahresschrift für wissenschaftliche Pädagogik 57 (1981), 4, S. 478–485.

SCHWEMMER, O.: Philosophie der Praxis. Versuch zur Grundlegung einer Lehre vom moralischen Argumentieren in Verbindung mit einer Interpretation der praktischen Philosophie Kants. Frankfurt a.M. 1971.

SEISS, R.: Humane Pädagogik – das Zentrum erzieherischen Handelns. Bad Heilbrunn 1981.

SPECK, J. (Hrsg.):Probleme der Curriculum-Forschung. Münster 1969.

SPECK, J. (Hrsg.): Geschichte der Pädagogik des 20. Jahrhunderts. Bd. I und II. Stuttgart/Berlin/Köln/Mainz 1978.

SPRANGER, E.: Philosophische Pädagogik. Hrsg. von O. F. BOLLNOW und G. BRÄUER. Gesammelte Schriften. Bd. II. Heidelberg 1973.

STIERLIN, H., u.a.: Das erste Familiengespräch. Theorie-Praxis-Beispiele. Stuttgart 1977.

S. THOMAE AQUINATIS Opera omnia. Summa theologica. 5 Bd. Parisiis: 1871.

S. THOMAE AQUINATIS Opera omnia. Bd. XII: Summa contra gentiles. Parisiis: 1874.

TRÖGER, W.: Erziehungsziele. München [2]1976.

TÜTKEN, H.: Wissenschaftsorientierung und Lebensorientierung – eine Scheinalternative. In: Pädagogische Rundschau 35 (1981), 2/3, S. 123–146.

ULICH, D.: Pädagogische Interaktion. Theorien erzieherischen Handelns und sozialen Lernens. Weinheim [2]1979.

WATZLAWICK, P., u.a.: Menschliche Kommunikation. Formen, Störungen, Paradoxien. Bern/Stuttgart/München [4]1974.

WATZLAWICK, P.: Lösungen. Zur Theorie und Praxis menschlichen Handelns. Bern/Stuttgart/Wien 1974.

WATZLAWICK, P.: Wie wirklich ist die Wirklichkeit? Wahn – Täuschung – Verstehen. München/Zürich 1976.

WISSER, R. Martin Heidegger im Gespräch. München 1970.

Personenregister

Sachregister

Der Verfasser

Walter Braun, geboren 1926 in Steinheim/Main, studierte Pädagogik, Philosophie, Psychologie und Theologie am Pädagogischen Institut Darmstadt und an der Universität Mainz. Nach langjähriger Tätigkeit als Lehrer und als pädagogischer Referent lehrt er als Professor seit 1973 Historische und Systematische Pädagogik, seit 1976 an der Erziehungswissenschaftlichen Hochschule Rheinland-Pfalz, Abteilung Koblenz. Er promovierte 1968 mit einer historischen Untersuchung, die 1970 unter dem Titel „Geschlechtliche Erziehung im katholischen Religionsunterricht. Ein Beitrag zur Geschichte der katholischen Religionspädagogik" erschien.

Weitere Veröffentlichungen neben zahlreichen Aufsätzen in in- und ausländischen Zeitschriften:

Einführung in die Pädagogik (1972, ²1977)

Erziehender Unterricht. Historische Entwicklung und Krise in der Gegenwart (1973)

Emanzipation als pädagogisches Problem. Anthropologische Voraussetzungen und pädagogische Möglichkeiten (1977)

Für eine menschenfreundliche Schule. Erfahrungen im amerikanischen Schulwesen (zusammen mit B. Naudascher, 1978)

Der Vater im familiären Erziehungsprozeß. Beiträge zu einer pädagogischen Jugendtheorie (1980)

Die ältere Generation. Zum Problemfeld zwischen Gerontologie und Pädagogik (Hrsg.) (1981)